Tobia e l'angelo

Susanna Tamaro

Tobia e l'angelo

tavole e disegni di Gabriella Giandelli

MONDADORI

A Corinne e Greta
a Francesco e Simona

© 1998 Arnoldo Mondadori Editore S.p.A., Milano
Prima edizione settembre 1998
Stampato presso le Artes Graficas Toledo S.A., Toledo (Spagna)
Gruppo Mondadori
ISBN 88-04-45589-6
D.L. TO: 1250 - 1998

La voce delle cose

"Quante lingue esistono al mondo?" si domandava Martina quella sera, sola nel letto. Le lingue che parlano gli uomini: il francese, il tedesco, lo spagnolo, il cinese, l'italiano. Per indicare una stessa cosa, in ogni paese si usa una parola diversa. Ma un tavolo resta sempre un tavolo, un orologio un orologio, una mela una mela. Soltanto il suono per chiamarli cambia.

Anche i cani hanno la loro lingua. Quasi ogni sera Martina sentiva i loro ululati salire dalla strada e dai balconcini del palazzo. Quello del secondo piano, ad esempio, si arrabbiava per un nonnulla: appena giungeva l'eco di un latrato, lui si avventava contro le grate, ringhiando. Era evidente che i cani tra loro si capivano. Forse si capivano anche tra cani di paesi diversi. Un cane francese poteva parlare con un cane russo e un russo con un eschimese. Per parlarsi non dovevano studiare le lingue.

La stessa cosa succedeva ai gatti, ai passerotti e ai condor, agli avvoltoi e alle iene, agli elefanti e ai coniglietti. Persino i ragni e gli scorpioni erano in grado di comprendersi.

Un giorno, alla televisione, aveva visto un documentario proprio su questo. C'era un ragno che si era innamorato di una ragna. La ragna era cosí grossa e pelosa che sembrava avesse una parrucca: sonnecchiava nel bel mezzo della tela e lui doveva raggiungerla. Ai ragni – spiegava una voce – la bocca serve solo per mangiare, non hanno né lingua né ugola, cosí il "lui" non poteva chiamare la sua "lei". L'unico modo per farsi notare era quello di trasformarsi in una specie di musicista: con le zampe anteriori pizzicava i fili della tela come fossero corde di un'arpa. *Pling plong*, amore mio, *pling plong*, aspettami arrivo.

Per i ragni innamorati è importantissimo avere il ritmo della musica nel sangue. Devono infatti fare *pling plong* e non, ad esempio, *pling pling*. Basta infatti un minimo accenno di vibrazione diverso perché la bella ragna, anziché voltarsi sorridendo verso il pretendente, gli balzi sopra e lo divori in un istante.

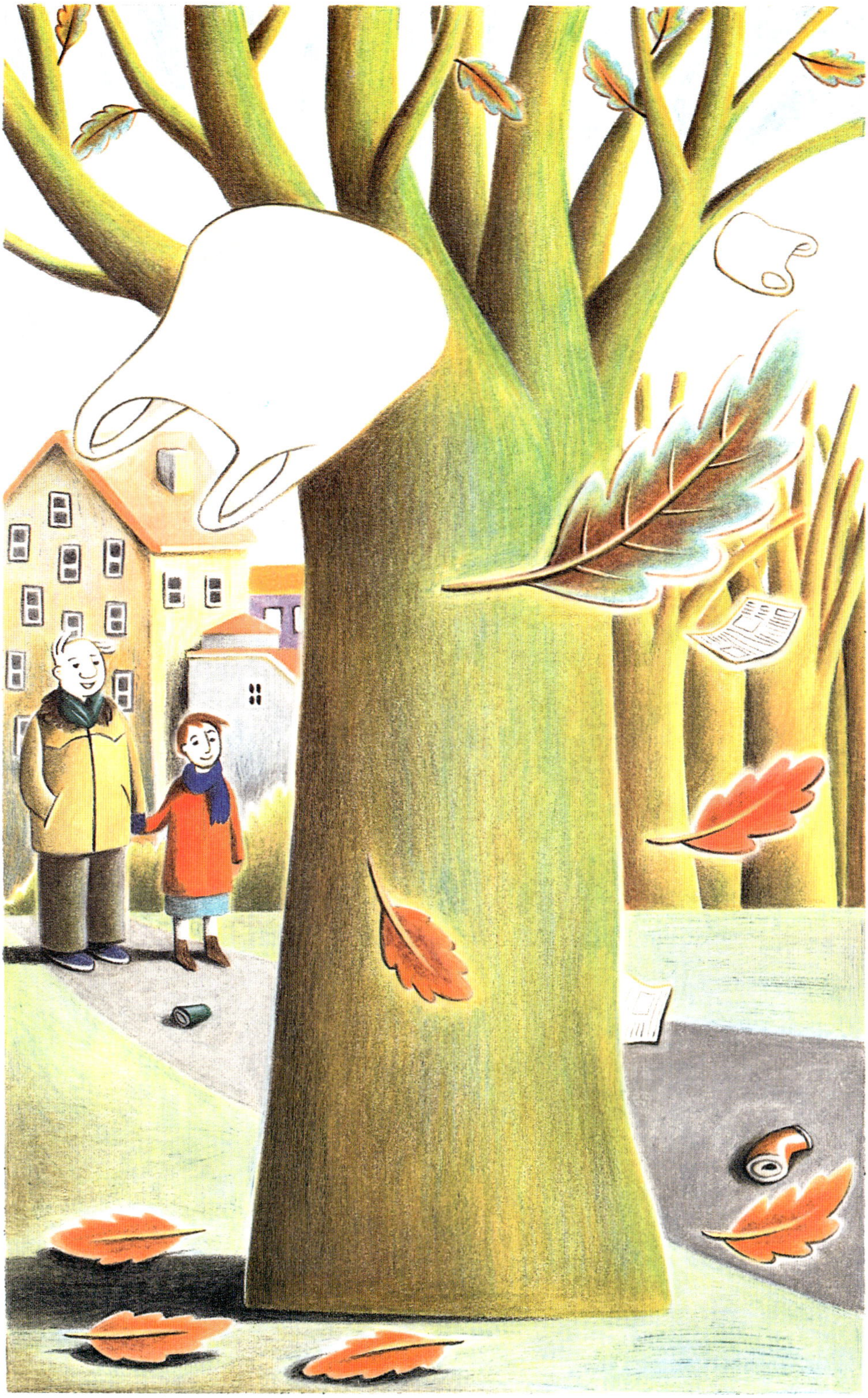

Già, perché *pling pling*, per una ragna affamata, vuole dire proprio questo: — Sono una mosca e sono caduta in trappola, mangiami, presto.

Comunque, a parte questi tristi incidenti di percorso, anche i ragni riuscivano, in un modo o nell'altro, a comunicare tra loro.

Una volta, in pieno inverno, Martina aveva fatto una passeggiata con il nonno in un grande parco vicino al loro quartiere. I prati erano bruciati dal gelo e gli alberi avevano già perso le foglie. Soffiava una forte tramontana e non c'era nessuno in giro. A un certo punto, il nonno si era fermato in mezzo a un gruppetto di giovani querce.

— Noti qualcosa di strano? — le aveva chiesto.

— No. Be', sí — aveva risposto lei — hanno ancora le foglie. Sono tutte secche, ma stanno ancora su.

— Proprio cosí. Le querce non fanno mai cadere tutte le foglie durante l'inverno. E sai perché?

Martina aveva scrollato la testa.

— Ascolta — aveva detto il nonno.

In quell'istante un refolo di vento aveva scosso i rami, e dai rami era sceso un tintinnio secco e lieve. Somigliava molto al rumore della coda del serpente a sonagli che aveva visto in tv.

— Hai sentito? Questa è la voce della quercia, d'inverno. Se non ci fossero le foglie secche si potrebbe facilmente confondere con un ippocastano o con un acero. Ogni albero ha la sua voce. Bisogna solo imparare ad ascoltarla.

Il sole stava tramontando e si erano avviati verso l'uscita del parco. Per il freddo, Martina non sentiva piú né il naso né i piedi: solo la mano che dava al nonno era ancora calda. Ogni tanto, davanti a loro rotolava qualche barattolo, mentre sacchetti di plastica vorticavano nell'aria come meduse impazzite.

— Nonno — aveva gridato Martina — anche i barattoli parlano?

— Sí, i barattoli e i sacchetti di plastica.

— E i fiori?

— Anche i fiori. I fiori, i sassi, le conchiglie...

— E i motori delle auto?

— Ah, quelli straparlano. Per non parlare degli autobus...

— E la biancheria ad asciugare?

— Anche quella Martina, anche quella. Se ascolti le lenzuola e i calzini stesi, puoi imparare un intero poema...

Quel giorno, appena rientrati a casa, Martina aveva abbracciato una gamba del nonno.

— Nonno, tu sai proprio tutto!

Il nonno le aveva accarezzato la testa.

— Magari, pulcino mio, magari.

Erano rimasti per un po' cosí, in silenzio, mentre la pendola della cucina batteva le cinque.

Adesso la pendola batteva le tre. Martina aveva provato a contare le pecore, ma non era servito a niente. Invece di vedere le pecore dietro lo steccato pronte a saltare, vedeva il nonno. Stava con i gomiti appoggiati sulla palizzata e le sorrideva con dolcezza. Indossava il solito giaccone beige con il collo di pelo sintetico e aveva gli occhi un po' tristi. Non aveva la sciarpa. La sciarpa ce l'aveva Martina tra le mani. Il nonno l'aveva dimenticata l'ultima volta che era venuto a trovarla.

Quanto tempo era passato? Sei giorni? Dieci? Aveva provato a chiamarlo, ma a casa sua non rispondeva nessuno. Martedí non era venuto e neppure il giovedí. Erano i suoi giorni fissi. A settimane alterne veniva anche la domenica.

Martina aveva preso la sciarpa e l'aveva avvolta intorno al suo orso come fosse un cappotto. C'era l'odore del nonno sopra. Odore di schiuma da barba, di autobus e di frittata.

Dalla finestra aperta giungeva l'ululato del cane del secondo piano. All'ululato si era sovrapposto l'allarme di un'auto. Martina aveva cambiato posizione: comunque si mettesse, il letto sembrava fatto solo di spilli.

Ton ton ton ton.

Le quattro, e il papà non era ancora tornato. La mamma dormiva con le mascherine sugli occhi. La signora del piano di sopra aveva fatto il bucato. Si era levata un po' di brezza e aveva gonfiato le lenzuola come vele di un galeone. *Flap flap strr flap, flap flap scccc, scc.* La voce del vento, la voce delle onde. Per dove stava partendo quella nave?

Il nonno aveva ragione, ogni cosa ha una sua voce. Ma c'erano anche cose senza voce, il futuro, ad esempio, o le domande senza nessuna risposta. Ce n'erano tante nella sua testa. Addormentandosi, Martina le vide: sembravano luci fioche su una sponda lontana. Il galeone veleggiava in direzione opposta, dritto verso la grande notte silente di un mare senza fari, di un cielo senza stelle.

Quando i sogni finiscono

Martina aveva otto anni e abitava al quarto piano di un grande palazzo nella periferia di una città. Intorno alla sua casa ce n'erano tante altre, tutte uguali.

Tra un edificio e l'altro erano parcheggiate le macchine. Ogni tanto si salvava un piccolo pezzo di prato con qualche panchina in mezzo e degli alberelli solitari, cosí giovani e cosí malati da aver bisogno di una gabbia di legno intorno per poter crescere dritti.

Da quando era nata, viveva lí assieme ai suoi genitori, Ugo e Margherita. Il papà, che un tempo aveva fatto il meccanico, adesso non faceva piú niente, mentre la mamma andava tutto il giorno in giro a pulire le case degli altri. Quando tornava la sera aveva sempre mal di testa e, per farglielo passare, il papà si metteva a urlare.

Martina non aveva fratelli né sorelle. Una volta, poco prima di Natale, aveva provato a chiedere un fratellino, ma il papà aveva risposto:

— Ci mancherebbe anche quello.

Per fortuna, però, c'era il nonno.

Il nonno aveva un aspetto molto giovanile, e piú di una volta, per strada, chi non li conosceva li aveva scambiati per padre e figlia. Sarebbe stato davvero magnifico se il nonno fosse stato il papà!

— Perché non posso venire a vivere con te? — gli aveva chiesto tante volte.

La risposta era stata sempre la stessa: — Perché sono vecchio e poi perché hai la mamma e il papà che ti vogliono bene.

La mamma e il papà si erano sposati molto giovani. Lei sognava di fare l'università, lui di correre con le motociclette. Ma poi i loro sogni si erano fusi in un unico grande sogno di amore eterno e tutti gli altri progetti erano scomparsi.

Sul tavolo basso del salottino c'era una foto del loro matrimonio: la mamma era vestita come una regina e il papà come un cameriere molto elegante. I loro occhi brillavano in maniera straordinaria, sembrava che una fata vi avesse versato dentro dei lustrini.

Martina si fermava spesso a osservare quella foto e piú la osservava piú si chiedeva dove mai fossero finiti quei lustrini che illuminavano lo sguardo da dentro. Gli occhi del papà da sempre erano giallognoli e non guardavano mai da nessuna parte, mentre quelli della mamma erano come dei laghetti montani coperti da una lastra opaca di ghiaccio. Non emanavano luce, ma una fredda penombra.

Un giorno in cui era sola con il nonno gli aveva esposto i suoi dubbi.

— Perché sono cosí diversi dalla foto? — aveva chiesto. — Sembra che qualcuno abbia spento loro l'interruttore.

In quel momento erano in bagno e con le cannucce stavano provando a fare delle bolle di sapone. Da mezz'ora usciva solo una specie di bava schiumosa. *Sgurgle prup blib blib puplic.* All'estremità della cannuccia del nonno si era formata una bolla, lentamente si era staccata, per alcuni istanti aveva solcato l'aria e poi, *blop,* urtando il bordo del lavandino si era dissolta nel nulla.

— Qualche volta — aveva osservato allora il nonno — i sogni sono come le bolle. All'improvviso esplodono e non resta piú nulla. Con il nulla, se ne va via anche la luce.

Era una conferma di ciò che Martina aveva già cominciato a capire. Alla televisione aveva visto un mucchio di film e telenovele. Succedeva quasi sempre cosí: l'amore durava appena otto o dieci puntate e poi veniva l'odio. Prima lei diceva a lui: — Sei il brillante che splende nel mio destino. — E poche puntate dopo: — Sei un fallito, una nullità, una zavorra. Adesso è Allan che illumina la mia vita. — Ma anche Allan la illuminava per poco.

Tra la sua mamma e il suo papà non doveva essere andata in modo diverso. Soltanto che, nel frattempo, invece di un altro brillante era arrivato l'inconveniente. L'inconveniente era lei, Martina, scaricata giú dalla cicogna quando nessuno l'aveva chiamata né desiderata.

Le cicogne sono pigre, infingarde: vanno dove gli pare e non riportano mai indietro i pacchi. Forse la sua aveva addirittura sbagliato indirizzo. Doveva portarla in una

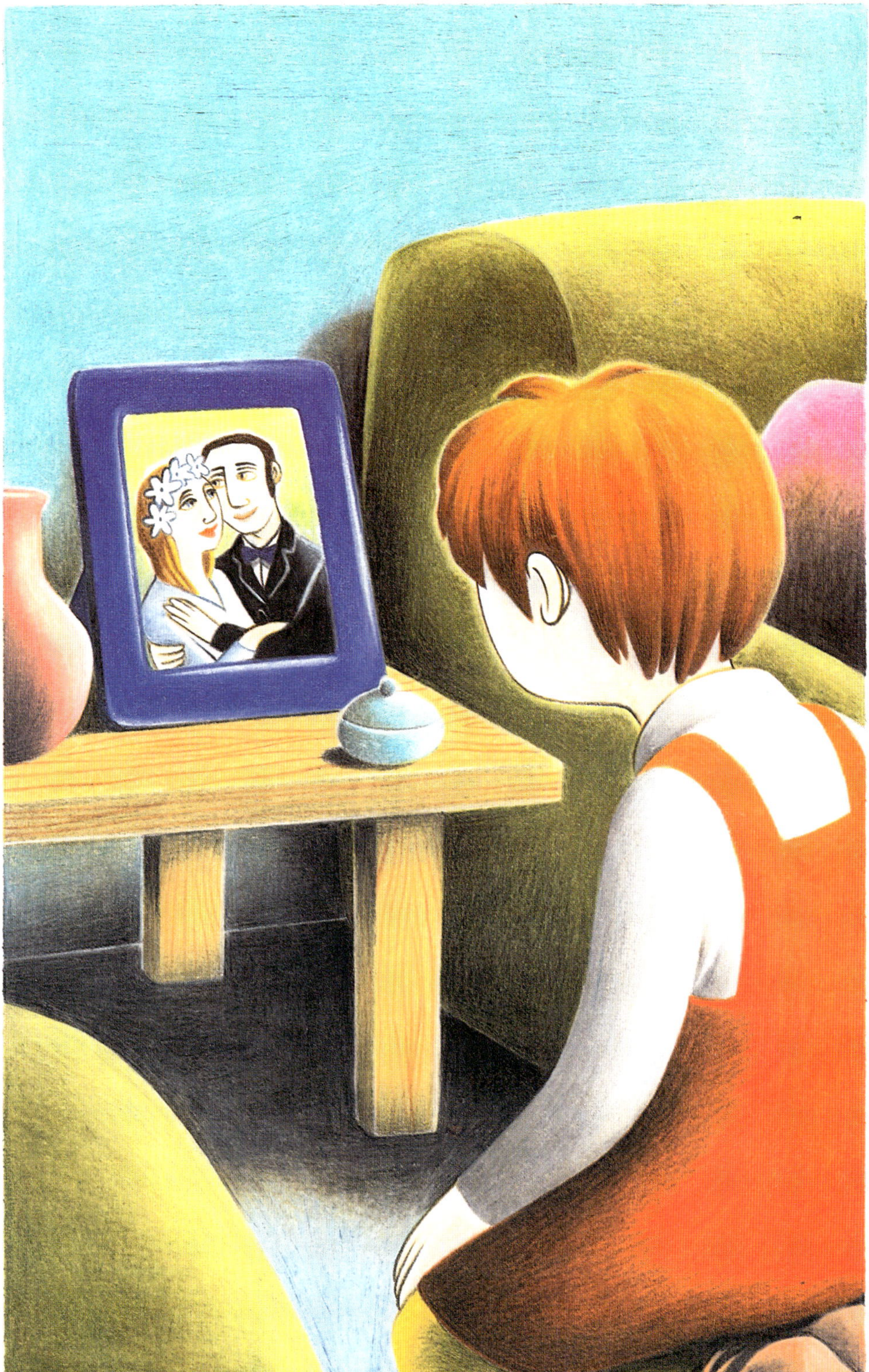

bella casa con il giardino e una mamma e un papà che l'aspettavano sorridendo felici intorno alla culla, e invece l'aveva mollata su quel balconcino sporco, pieno di bottiglie di liquore vuote.

Una volta aveva visto un film in cui dei neonati venivano scambiati nelle culle. Quello che nasceva ricchissimo finiva in una famiglia povera, e quello povero in una famiglia ricca. Al ricco volevano molto bene e al povero no. La sera, quando non riusciva ad addormentarsi oppure quand'era triste triste, accarezzava quell'idea. Un'idea calda e affettuosa come un gatto che in grembo faceva le fusa.

Un giorno, mentre camminava sul marciapiede, una bella macchina si sarebbe fermata accanto a lei, da lí sarebbe scesa una donna ancora piú bella, con occhi luminosi come stelle. L'avrebbe avvolta in un abbraccio morbido e profumato, sussurrandole: — Martina, finalmente ti ho trovata!

«Finché c'è vita c'è speranza» ripeteva spesso il nonno. Martina vedeva Vita e Speranza come due sorelle. Da sola, Vita era triste: era la presenza di Speranza a renderla allegra. Quell'idea la faceva sentire leggera.

Quando sognava a occhi chiusi, Martina vedeva cose ben diverse. Qualcuno, di cui non scorgeva la mano, la chiudeva in scatole sempre piú piccole, finché non diventava minuscola e insignificante come la piú piccola delle bamboline russe. Oppure la stessa mano le teneva la testa sott'acqua finché non sentiva scoppiare il cuore e i polmoni. Oppure un mostro di gelatina verde con le orbite vuote come quelle di un teschio e le unghie lunghe di un assassino la inseguiva tra i vicoli di una città sconosciuta. I vicoli in realtà erano un labirinto, e alla fine del labirinto si trovava davanti un muro coperto da filo spinato. Martina provava a urlare, ma non le usciva la voce. In quello stesso istante l'ombra del mostro copriva la luce del sole e tutto piombava nel buio.

    Al mattino era sempre piú stanca.

    — Sbrigati che fai tardi a scuola! — gridava dalla cucina la mamma, sbattendo le pentole nel lavello.

Le porte che nessuno vede

Le cose avevano un linguaggio e anche le persone avevano un linguaggio. Tra i due, Martina preferiva quello delle cose.

Gli alberi, le lenzuola, i motorini o i barattoli raccontavano sempre cose simpatiche, mentre le persone parlavano quasi sempre per dire cose sgradevoli. Il linguaggio dei grandi – nonno a parte – era un linguaggio immondizia. Lí si buttavano le cose inutili, le cose sciocche, le cose cattive che non si riusciva a mettere da nessun'altra parte.

Quando chiudeva gli occhi e cercava di immaginarlo, Martina vedeva quel linguaggio come un nastro, un nastro che si srotolava per chilometri e per anni, un nastro immondizia nel quale lei da sempre viveva avvolta. Quel nastro, con il trascorrere del tempo, era diventato pesante come un tappeto da cerimonia, soffocante come le spire di un *boa constrictor*. Su quel nastro erano incise tutte le frasi che si possono dire soltanto tra le pareti di casa, le frasi scappate, le frasi rabbia, le frasi calci, le frasi di tutti i giorni.

Martina non ricordava un solo giorno senza quel rumore di fondo. Quando era piú piccola, le urla la svegliavano di soprassalto e, per lo spavento, si metteva a piangere. Allora il papà gridava:

— Tua figlia piange!

La mamma rispondeva: — È anche tua!

Il papà, puntualmente, ribatteva: — Questo è da vedere!

A quel punto la mamma faceva irruzione nella stanza e la sollevava con impeto dal lettino.

— Allora, cosa c'è?! Hai fame?! Hai aria in pancia? Cosa c'è?

Martina si metteva a urlare con quanto fiato aveva in gola. Il papà allora usciva di casa sbattendo la porta e la mamma scoppiava a piangere, ripetendo: — Cos'ho fatto di male per meritarmi tutto questo?

Diventata un po' piú grande, chiusa nella sua stanza e nascosta sotto il letto nell'attesa che la tempesta passasse, aveva cominciato a dividere le parole con i colori: "Sei un fallito." Giallo. "Non ti sopporto piú." Arancione. "Torno da mia madre." Bianco. "Sei un ubriacone." Rosso. "E tu una buona a nulla." Verde. "Ti odio." Nero. "Quella scema di tua figlia." Blu. "È anche tua." Grigio. "È da vedere." Azzurro.

C'erano giornate piú arancione e piú gialle. Giornate piú rosse, giornate piú nere. Con il tempo, oltre al colore aveva dato loro anche una forma. C'erano parole-termiti, parole-ragno, parole-scorpione. Distesa sul pavimento le vedeva correre nella sua direzione.

Le parole-termiti entravano da sotto le unghie, correvano lungo le vene fino al cuore e gli si avventavano sopra con zampine e mandibole appuntite.

Le parole-ragno invece vivevano tra lo stomaco e i polmoni. Lí, con la loro tela imprigionavano gli organi, li stringevano, li facevano ballare, togliendole il fiato.

Le parole-scorpione erano le parole unite a un'azione: la parola "piatto rotto", la parola "calcio a una sedia", la parola "schiaffo". Parole-pungiglione accompagnate da un dolore.

Sulla parete di fronte al letto Martina aveva attaccato un vecchio foglio di calendario. C'era un paesaggio con le montagne e la neve e, in fondo, una casetta di legno come quella delle fiabe. Quella foto gliel'aveva regalata il nonno.

— Quando non sai piú dove andare — le aveva detto — rifugiati nel paesaggio. Cammina nella neve e respira. Poi raggiungi la casetta e chiuditi dentro.

Le parole del nonno erano molto diverse dalle parole del nastro immondizia. Non erano parole-freccia, parole-sasso-in-faccia. Invece di chiudere le porte, le aprivano. Era stato lui a confessarglielo un giorno, mentre stavano seduti su una panchina del parco.

— Sai perché le persone si annoiano? — le aveva domandato lui a bruciapelo.

— No.

— Perché non vedono le porte.

— Quali porte?

— Quelle che sono nascoste un po' dappertutto.

— Dappertutto dove?

— Nell'aria, intorno a noi, nelle case, nei paesaggi, nelle stazioni degli autobus, nella pancia delle persone. Se sai aprire le porte, non sarai mai triste.

Allora aveva capito che le parole del nonno erano parole-chiave. Andavano sempre avanti esplorando l'aria, cambiando una cosa in un'altra.

Parole-chiave e parole-coperta, parole tiepide sotto le quali addormentarsi quieti come i nanetti coccolati da Biancaneve.

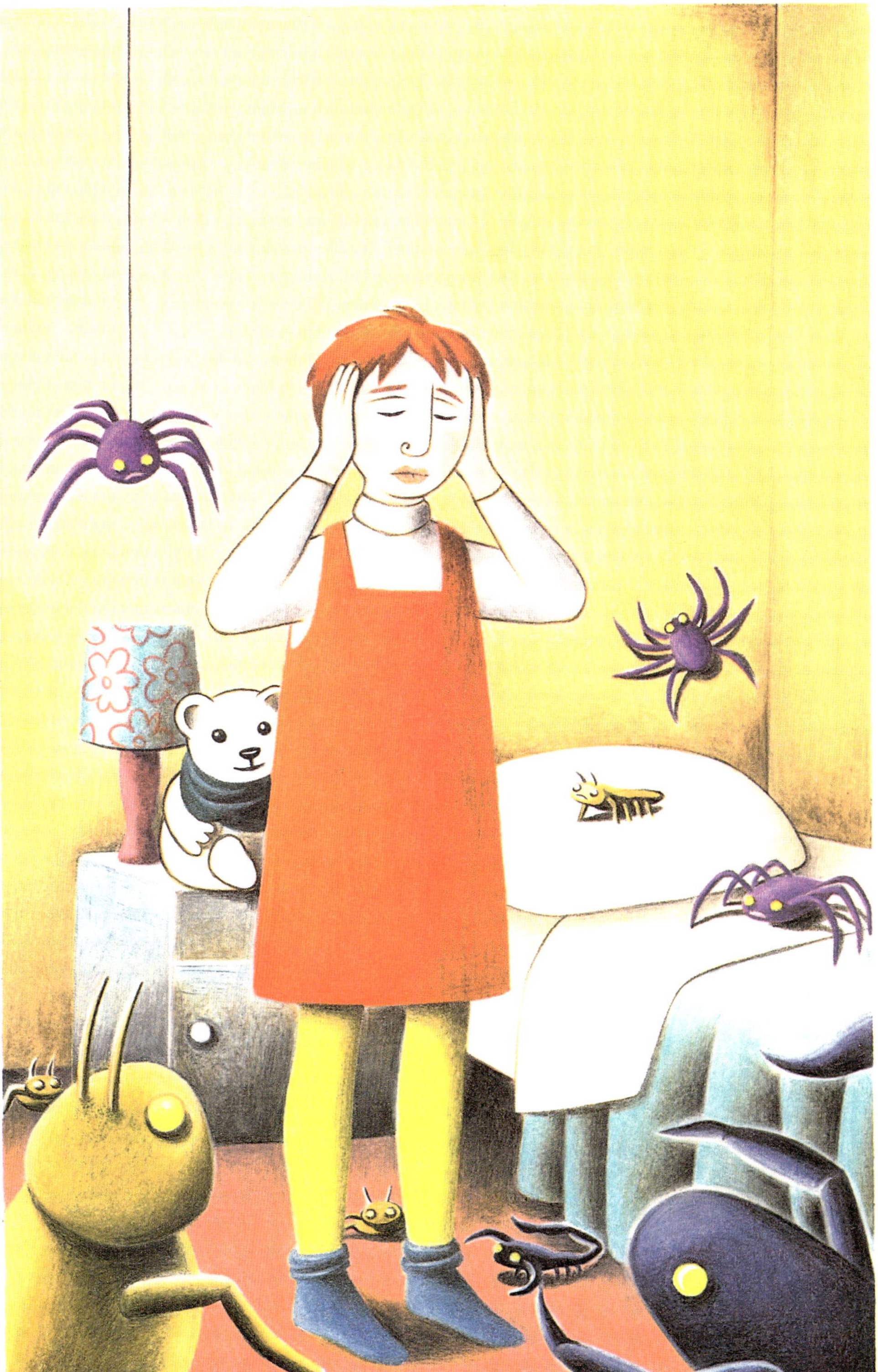

"Chi è diverso, è piú ricco"

Il nonno era il papà della mamma, ma lei non era molto gentile con lui. Il papà invece non lo sopportava proprio.

Una volta, quando lei aveva cominciato ad andare a scuola – e il nonno aveva preso l'impegno di venire ad aiutarla a fare i compiti almeno due volte alla settimana – Martina aveva sentito una discussione tra i suoi genitori.

— Non mi va di avercelo sempre tra i piedi — aveva detto il papà. — Imbottisce la testa di mia figlia di stupidaggini.

— È l'unico nonno che ha — aveva ribattuto la mamma.

— E allora? Io sono cresciuto senza nonni e sono venuto su benissimo.

C'era stato un breve silenzio.

— Be' — aveva detto poi la mamma — vedilo almeno sotto il punto di vista della comodità. Se non c'è lui, chi le fa fare i compiti?

La risposta del papà era stata un

borbottio incomprensibile. Faceva sempre cosí quando non sapeva piú cosa rispondere e non voleva darla vinta.

Da quel giorno, il martedí e il giovedí usciva di casa sbattendo la porta un'ora prima che arrivasse il nonno.

Il nonno era puntuale come un orologio svizzero. Alle tre meno tre minuti, Martina lo vedeva sbucare all'angolo della strada e alle tre in punto suonava alla porta.

Quando il tempo era bello, uscivano a fare una passeggiata. Quando invece era brutto, si mettevano subito a fare i compiti.

Martina odiava andare a scuola. Lí le parole che regnavano erano le parole-confusione. Parole che sembravano importanti e invece non volevano dire proprio niente. Almeno per i suoi pensieri. Martina aveva tante domande in testa e a quelle domande nessuna delle parole-confusione era in grado di rispondere.

— Quali sono i re di Roma? Romolo e Remo, Anco Marzio, Tullo Ostilio... *Vorrei sapere invece perché veniamo al mondo.* Se Mariuccia mangia un quinto della torta quanta ne rimarrà da mangiare agli altri bambini? *Dove vanno le persone quando non ci sono piú?* Su qui e su qua l'accento non va. *Mi viene sempre da piangere e non so perché. Siccome non mi va di fare figuracce, ho imparato come salvarmi. Fisso qualcosa, un quaderno, la borsa di un compagno, l'angolo nero della lavagna. La fisso e piano piano ci entro dentro, non sono piú Martina ma il quaderno, la borsa del compagno. Qualsiasi cosa succeda resto sempre indifferente, di carta, di plastica, di legno.*

A pochi mesi dall'inizio della scuola, le maestre avevano chiamato i suoi genitori. Con un giro di pa-

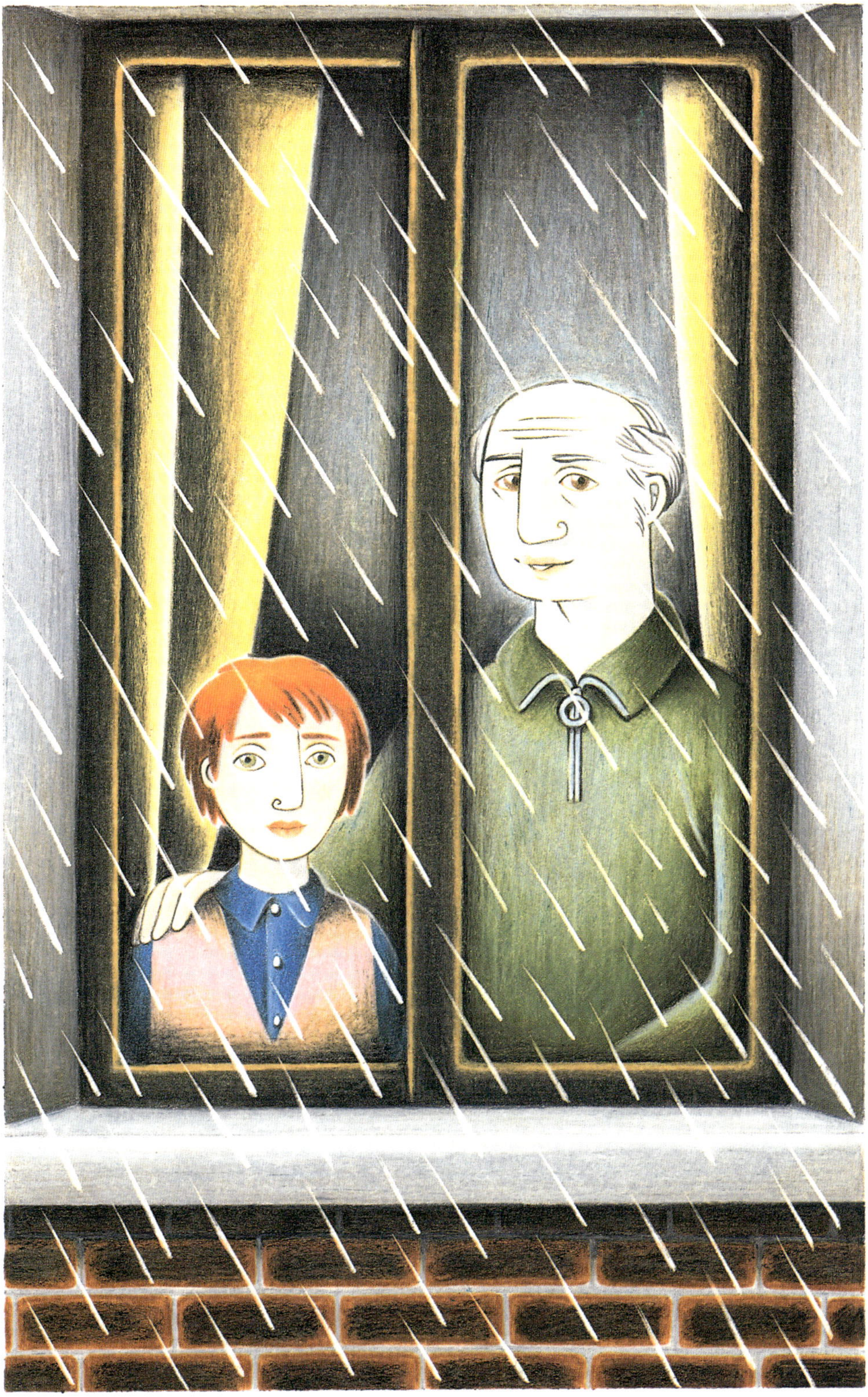

role il piú possibile ampio avevano detto loro che la bambina era un po' «carente dal punto di vista delle relazioni antroposociali e, per quanto riguarda la reattività verbale, sembra manifestare una specie di curiosa e inspiegabile assenza.»

— Hai capito? — aveva detto il padre uscendo. — Un modo carino per dirci che non è come gli altri.

— Sono diversa? — aveva chiesto un giorno Martina al nonno mentre guardavano la pioggia oltre i vetri.
— Diversa da chi?
— Non lo so, dagli altri.
— Gli altri ti sembrano uguali?
— Durante la ricreazione tutti ridono e si divertono. Quando ci sono le domande sanno sempre rispondere.

— Vorresti essere cosí?

Martina aveva annuito.

— E perché?

— Perché cosí, almeno, nessuno mi prende piú in giro.

— È questa la cosa piú importante? Ne sei proprio sicura?

— Penso di sí.

— Allora avvicinati che ti dico un segreto.

Martina aveva appoggiato un orecchio vicino alla bocca del nonno.

Psss psss pss...

— Puoi ripetere?

Pss pss ps...

— Dici davvero o mi prendi in giro?

— Non mi permetterei mai — aveva risposto il nonno fingendosi offeso.

— Ma io non so fare niente. Niente di niente.

— Questo lo pensi tu, ma ogni volta che lo pensi, ricordati di una cosa: chi è diverso, è piú ricco. Te l'ho mai raccontata, ad esempio, la storia del brutto anatroccolo?

— No.

— Che sbadato! Dunque c'era una volta in un'aia una papera che aveva fatto le uova...

Da quel giorno il brutto anatroccolo era diventata la loro storia. Martina se la faceva raccontare ogni volta che era possibile. Quando non era possibile, se la raccontava da sola.

Parole-chiave, parole-coperta.

Il nonno conosceva un numero pressoché incredibile di cose. Non c'era una sola domanda a cui lui non sapesse rispondere. Lui diceva che era tutto merito dell'enciclopedia che aveva letto da cima a fondo. Ventidue volumi rilegati in finto cuoio rosso, da Abaco a Zygurat.

— Merito dell'enciclopedia e della curiosità.

— Che cos'è la curiosità? — aveva domandato Martina.

— È una cosa strana, una specie di solletico, di formicolio che ti senti dentro. Non smette di tormentarti finché non sai la risposta che ti sta a cuore. Ad esempio, vedi un aereo che decolla e ti domandi: "Come farà mai a staccarsi da terra? Come farà a stare in cielo?" Finché non lo sai, non sei tranquillo.

Martina aveva cominciato a grattarsi e il nonno le aveva dato man forte facendole solletico.

— No, ahi! Basta basta.
— Fuori la domanda, allora!
— Perché sono nata? — aveva detto tutto d'un fiato Martina.
— Altolà! Domanda sleale!
— Perché?
— Perché non c'è nell'enciclopedia.
— E perché non c'è?
— Perché ci sono domande a cui bisogna rispondersi da soli. C'è una risposta solo per me, una risposta solo per te. Io, ad esempio, sono nato per fare il ferroviere e guidare i treni, per leggere l'enciclopedia, per innamorarmi della nonna e sposarla, per avere Margherita e poi per diventare vecchio e fare il nonno di Martina.
— E io?
— Tu lo scoprirai crescendo. Ti ricordi quel calendario che ti avevo regalato l'anno scorso, il Calendario dell'Avvento? Ogni giorno aprivi una finestrina e scoprivi qualcosa dietro. Succede un po' la stessa cosa. Cresci e apri le finestre. L'importante è vederle, un po' come le porte.
— Le porte che ci sono dappertutto e che nessuno vede?
— Già.
— E le voci degli alberi e dei barattoli?
— Mmm, sí.
— Perché hai detto "vecchio"?
— Perché sono vecchio.
— Per me sei giovanissimo, piú giovane del papà.
— Sei gentile, ma non è cosí. Sono nato che era finita da qualche anno la Prima Guerra Mondiale, ho

combattuto la Seconda. I telefonini, i computer e tutto il resto per me sono solo diavolerie. Questo mondo cosí maleducato non fa piú per me. È passato il mio tempo. Sono vecchio, dunque.

Martina aveva una domanda che già da un po' le pizzicava la gola. Prese un respiro profondo.

— E dopo aver fatto il nonno di Martina, che cosa farai?

— Niente.

— Perché niente?

— Perché sarò sempre tuo nonno, il nonno di Martina.

— Sempre?

— Sempre, sempre, sempre. Qualsiasi cosa succeda.

Intanto il nonno l'aveva presa in braccio e l'aveva stretta come lei di solito stringeva il suo orsacchiotto. Odore di schiuma da barba, di frittata, di autobus. Anche lui aveva gli occhi lucidi.

Laggiú in fondo c'era una finestra chiusa che nessuno di loro aveva voglia di aprire.

La baita segreta

Dalla baita di legno in fondo al foglio di calendario si vedeva un bellissimo paesaggio. Fino a una certa altezza lo sguardo si posava su un grande tappeto verde fatto di alberi di Natale. Poi, salendo in su con lo sguardo, gli abeti lasciavano spazio alle rocce. Prima i sassolini dei ghiaioni e poi le pietre grandi delle vette. Sopra le guglie c'era un cielo senza una nuvola, senza uno sbaffo, senza neanche il sole. Un cielo completamente azzurro. Quando la finestra era aperta si sentivano i cinguettii dei ciuffolotti e delle cince che si nutrivano sulle sommità dei pini, e l'abbaiare secco dei caprioli. In fondo, in qualche punto della valle doveva scorrere un ruscello, perché ogni tanto Martina sentiva il gorgoglio allegro dello scorrere dell'acqua. Quando invece la finestra era chiusa, l'unico rumore era il borbottio della stufa.

Martina si era ritirata lí già da un po' ad aspettare il nonno. Doveva essere mattina, perché la mamma aveva indosso la sua vestaglia rosa.

Aveva fatto i calcoli: il nonno mancava da casa esattamente da dieci giorni, dodici ore, sei minuti e diciotto secondi. Troppo tempo per stare tranquilli.

Invece del nonno, era arrivata la mamma e la stava scuotendo.

— Muoviti, che farai tardi a scuola.

Siccome Martina non rispondeva, la voce della mamma diventava piú alta.

— Ehi, ma che ti succede? Mi vuoi rispondere? Non farmi perdere la pazienza. Che strano gioco è mai questo?

Non era nessun gioco. Lei stava aspettando il nonno. Le parole-chiave l'avrebbero fatta muovere, le parole-immondizia la lasciavano indifferente come una pietra in mezzo al deserto.

Adesso le scosse erano piú forti. La mamma le stava sfilando il pigiama, incurante di tirarle i capelli, e le infilava il vestito a forza, come lo stesse infilando a un sasso e non a una bambina.

Alle otto e dieci, come ogni mattina, era già in strada. La mamma la stava trascinando per un braccio.

Arrivate davanti alla scuola, si era chinata verso di lei: — Su da brava, dai un bacio alla mamma.

Martina aveva obbedito sporgendo le labbra nel vuoto.

Durante le ore di lezione, le parole-confusione le saltavano intorno come i coriandoli nelle feste di carnevale.

— *Ehi, bambina, non vuoi afferrarmi? Prendimi sennò scappo via. Presto. Sono la tua ultima occasione! Se non mi afferri, farai una bruttissima figura, un'ennesima bruttissima figura.*

Ogni tanto Martina soffiava con la bocca per mandarle ancora piú lontano.

Fuuupuffuuu.

A un certo punto, la maestra grassa l'aveva guardata in cagnesco.

— Nove per cinque, Martina? Nove per cinque?

Muoveva la bocca come un pesce nell'acquario: *Booc, booc, blub blub.*

— Bene — aveva aggiunto, segnando qualcosa sul registro — vedo che la situazione non migliora. Anzi, *boooc booooc*, peggiora.

Al suono della campanella, Martina era corsa fuori prima di tutte le altre. A quell'ora la mamma era al lavoro, il papà in giro per cercarne uno, e cosí poteva tornare a casa da sola. Aveva da poco cominciato a camminare lungo il marciapiede quando un motorino l'aveva salutata:

— *Fffrrrttt Brrmmm... Ciao Martina, come stai?*

Lei gli aveva sorriso.

— *Brmm Frrtttfrrt... Bene e tu?*

— *Brrmmm, io sono un po' stanco di andare in giro tra tutte queste puzze! Ora però devo scappare. Ciao piccola!*

Era autunno e nello striminzito giardinetto condominiale gli alberi stavano perdendo le foglie.

L'acero l'aveva chiamata per primo.

— *Ehi, Marti, guarda che splendide foglie ho!*

— *Sciocchezze* — l'aveva interrotto l'ippocastano — *guarda invece i miei frutti come sono belli. Quando voglio li tiro in testa a chi mi è antipatico...*

Ma era stata la grande quercia ad accorgersi della stranezza.

— *Ehi, ragazzi, ma la nostra amica è sola! Dov'è il nonno?*

Martina aveva sollevato le spalle.

— *Non lo so, non ne ho la minima idea. E voi?*

I tre alberi avevano scosso insieme le chiome.

— *Oh, no, Marti cara, ci dispiace. Anche noi è un sacco che non lo vediamo.*

Arrivata nell'appartamento, Martina aveva scalda-

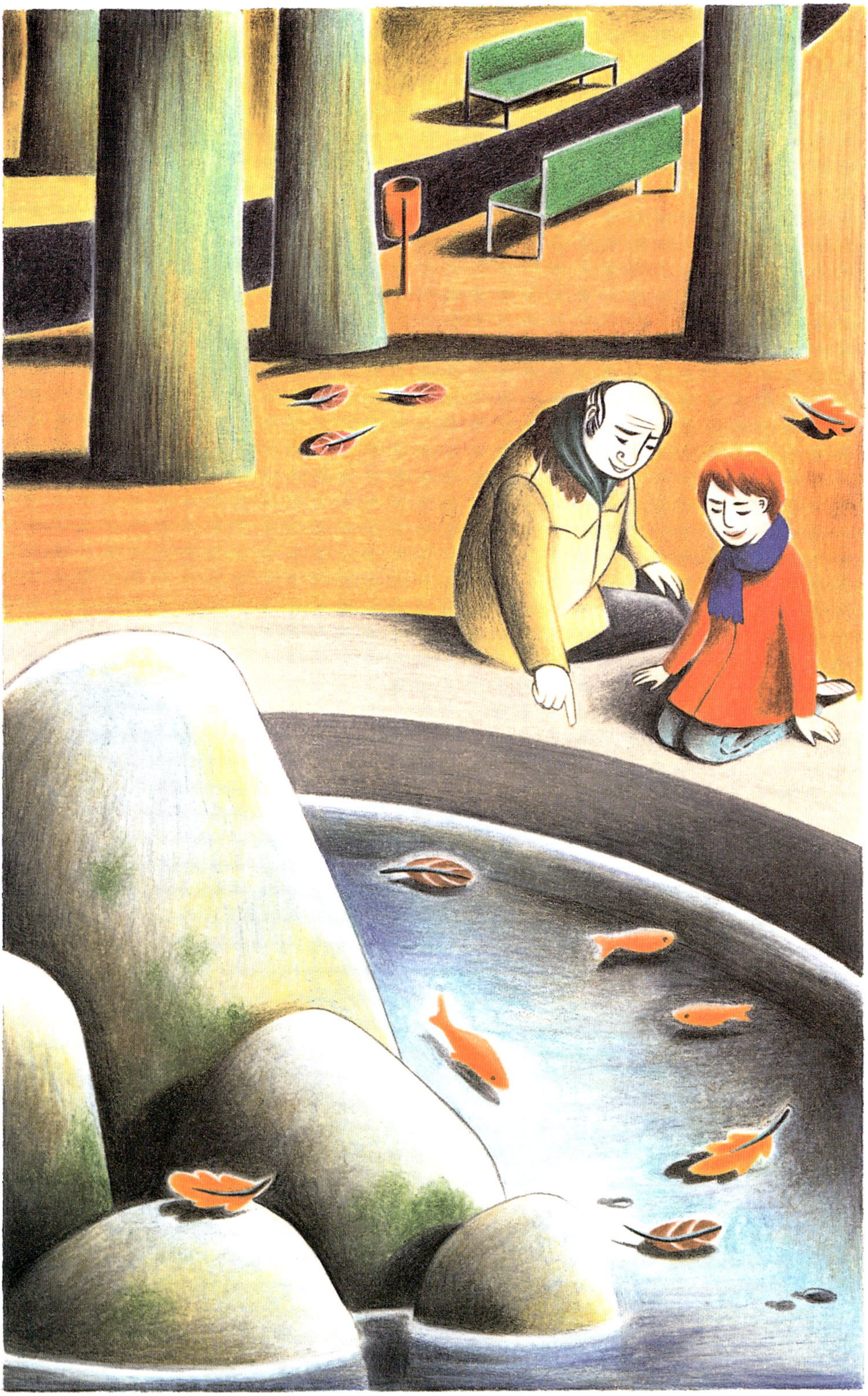

to il pranzo che la mamma le aveva lasciato in frigo, aveva mangiato e poi si era ritirata nella sua stanza.

La camera era fredda, il letto ancora sfatto. L'unica prospettiva del pomeriggio era quella di fare i compiti che non era capace di fare. Si era affacciata alla finestra: sotto, sul prato spelacchiato, due cani senza padrone si stavano inseguendo allegramente.

Era uno dei suoi giochi preferiti con il nonno. Lei faceva il cagnolino e lui il padrone. Lui faceva finta di trovarla abbandonata in mezzo al parco, con un biscotto secco la faceva avvicinare e quando stava ai suoi piedi con la lingua ciondoloni le legava al collo il guinzaglio, cioè la sua lunga sciarpa.

Quando faceva il cane, Martina si chiamava Tobia. Tobia non era cattivo, ma piuttosto disobbediente, cosí il nonno era costretto sempre a dirgli: «Questo si fa, questo non si fa». Quando obbediva gli accarezzava la testa oppure gli gettava una caramella. Quando disobbediva gli dava delle pacche sul sedere con un giornale.

Una volta il papà li aveva visti camminare per la strada in quel modo e quando erano tornati a casa aveva fatto loro una terribile scenata.

— Non dormo la notte per educarla come si deve e tu me la rovini in questo modo.

Il nonno ascoltava guardando il pavimento e non diceva niente. Ma la volta dopo, un po' più lontani da casa, avevano ripreso a fare lo stesso gioco.

Era vero che il papà di notte dormiva poco o niente, ma non erano i pensieri pedagogici a lasciarlo insonne. Alla sera, al papà piaceva andare al bar con gli amici. Diceva che così si sentiva come un tempo, il tempo in cui era libero e felice con il suo bel sogno di fare il pilota di motociclette ancora tutto avvolto nella bolla luminosa.

Quando lui tornava a casa, Martina e la mamma dormivano già da un pezzo. Qualche volta lo sentivano e qualche volta no. Certe sere lui entrava e urlava:

— Moglie, dov'è la cena?!

Allora la mamma si alzava e, in camicia da notte e ciabatte, si metteva ai fornelli. Lui non era mai contento lo stesso. Spesso, dopo aver mangiato, raggiungeva Martina nella sua camera e, dopo aver strappato le coperte, gridava:

— Sveglia! Dai un bacino al tuo paparino.

Se lei non era abbastanza svelta a obbedire, lui si metteva a gridare piú forte:

— Non hai sentito? Non vuoi bene al tuo papà?

Per lui i suoi baci erano sempre troppo sfuggenti, gli abbracci troppo deboli.

— Non mi vuoi bene neanche tu — diceva allora e se ne usciva sbattendo la porta.

Invece Martina gli voleva bene, solo che non le piaceva quell'odore di vino e di fumo, e la barba lunga la pungeva.

Quando non c'era il nonno, in quella casa Martina si sentiva sola. Con i bambini del palazzo non era riuscita a legare, bastava solo che lei attraversasse il cortile che la prendevano in giro.

Il suo sogno, un sogno vero, era quello di possedere un cane.

Una volta, a tavola, l'aveva chiesto ai suoi genitori, ma avevano risposto come per il fratellino: — Ci mancherebbe anche questo!

Aveva tentato poi con il gatto, il coniglietto, il criceto, un canarino, ma la risposta era stata sempre la stessa.

Un giorno, al luna park con il nonno, ce l'aveva fatta a vincere un pesce rosso. Non era il massimo, ma comunque era meglio di niente. *Blob blob blub.*

— Non è mica venerdí, no? — aveva detto il papà, quando lo aveva portato a casa nella sua boccia di vetro.

Poi, cenando, aveva aggiunto:
— Non sopporto di mangiare con quello che mi guarda. Sta facendo anche la cacca.

In effetti, da sotto la coda del pesciolino stava scendendo una lunga salsiccetta color nocciola.

Quelle proteste erano andate avanti per una settimana. Un giorno, tornando da scuola, Martina aveva trovato la boccia vuota.

— È successa una disgrazia — aveva detto alla sera la mamma. — Mentre stavo pulendo la vaschetta, il pesce mi è scivolato giú per il lavandino.

I salmoni rosa erano capaci di nuotare contro corrente, forse la stessa cosa erano capaci di farla anche i pesci rossi. Forse, con un solo colpo di coda potevano risalire su per le tubature e i sifoni. Invece di piangere, Martina aveva provato a cercarlo. Visto che era stato il primo animale della sua vita l'aveva chiamato "Primo".

Per diverse settimane, a intervalli regolari, si era affacciata a tutti gli scarichi di casa bisbigliando:

— Primo, sono io, vieni su, torna a casa.

La mattina si alzava prima di tutti per precipitarsi in bagno a controllare se per caso, nella tazza, guizzasse qualcosa di vivo e di rosso. Niente, in fondo alla tazza c'era solo la striscia un po' piú gialla del calcare.

— Ormai penso di averlo perso per sempre — aveva detto al nonno il giovedí pomeriggio, quando era venuto a trovarla.

— Mai dire mai — aveva risposto il nonno. — Può darsi semplicemente che abbia sbagliato strada. Sai, con tutte quelle tubature là sotto non deve essere mica facile districarsi.

Avevano poi infilato i cappotti ed erano usciti.

— Metti caso che abbia chiesto la strada a qualcuno — aveva proseguito il nonno scendendo le scale. — Che indicazione credi che gli possano aver dato?

— Non lo so...

— Insomma, se un pesce rosso ti chiede la strada di casa, tu che strada gli consigli? Gli indichi la strada di un posto dove ci sono altri pesci rossi, no?

— Stai parlando della fontana del parco?

— Eh, già. Se vogliamo avere qualche speranza dobbiamo andare proprio là.

Appena arrivati, seduti sul bordo di cemento, si erano messi in silenzio a scrutare la superficie dell'acqua. A un tratto, Martina aveva sentito tutto il sangue confluirle in faccia e il cuore battere all'impazzata.

— Guarda nonno! È lí, eccolo! È proprio Primo!

— Già, hai ragione. È proprio lui. E lí vicino, guarda un po'... Forse si è anche fidanzato.

— Dici che farà i cuccioli?

— È molto probabile.

— Allora è meglio lasciarlo qui.

— Penso proprio di sí. Comunque possiamo sempre venirlo a trovare, gli portiamo da mangiare e cosí vediamo anche la sua famiglia crescere.

Quel pomeriggio avevano camminato ancora un bel po' per il parco, dandosi la mano.

— È bello che l'abbiamo trovato, no?

— Certo, è sempre bello ritrovare gli amici, le persone care.

— Ma se non lo avessimo ritrovato, voleva dire che era morto?

— Probabilmente sí.

— E non lo avremmo ritrovato mai piú? Insomma dove vanno i pesci quando non sono piú pesci?

— I pesci quando non sono piú pesci sono ancora pesci. Solo che nuotano in un mare diverso. In un mare dove nessuno piú li insegue per mangiarli.

— Succede a tutti?

— Certo, a tutti: ai pesci, ai criceti, ai gattini.

— Ai grandi anche?

— Ai grandi, certo...

— La nonna, ad esempio, dov'è?

— La nonna? Anche lei è lí, dove sono i pesci.

— Nuota nell'acqua?

— Ma no! Ognuno sta nel mondo dove stava prima. La nonna sta a casa e mi aspetta. Aspettandomi, forse cucina qualcosa di buono. Sai, alle volte, quando vado sull'autobus o per la strada, mi pare di sentire i profumi dei miei piatti preferiti: la torta di ciliegie e le lasagne al forno. Mi giro di qua, mi giro di là, ma nessuno sta cucinando. Allora so che è lei che mi sta mandando dei saluti.

— Ma non sta a casa tua?

— Oh, no. La sua casa è in cielo.

Martina aveva stretto piú forte la mano del nonno.

— E un giorno anche tu andrai lí...?

— Oh, certo, ma mica tanto presto. Sono stato tanti anni con lei, adesso devo stare un bel po' di anni con te, non trovi?

— Mmmm — aveva annuito Martina.

— E poi, sai una cosa? Tu le assomigli tantissimo. Piú passa il tempo piú sembri lei.

— Ma non so fare le torte di ciliegie.

— Però sai fare bene il cane. Non ho mai avuto un cagnolino cosí simpatico.

Il nonno aveva raccolto un bastoncino e l'aveva lanciato lontano.

— Vai, Tobia, prendi!

Martina era partita al galoppo.

Uoff uoff uoff.

Ritornati casa, avevano fatto insieme i compiti. Finiti i compiti il nonno si era seduto sul letto e Martina gli si era arrampicata in braccio. Era uno dei loro riti speciali. Prima che il nonno se ne andasse, restavano cosí per una decina di minuti. Qualche volta parlavano, qualche altra stavano in silenzio.

— Dove sta la casa della nonna — aveva chiesto quella sera Martina — se il cielo è pieno di aerei?

Il nonno aveva sorriso. — Sta molto piú lontano.

— Ma i razzi sono andati sulla Luna e su Marte e non hanno trovato nessuno lassú.

— Sta molto, molto piú lontano. E molto piú vicino.

— Vicino quanto?

— Ad esempio, tu credi che adesso in questa stanza siamo io e te soli. Invece io so che qui vicino c'è la nonna e non solo la nonna. Qui ci sono anche due...

La pendola della cucina aveva battuto le sette.

— Cosí tardi! — aveva esclamato allora il nonno. — Se non scappo perdo la coincidenza dell'autobus. Ci vediamo martedí prossimo — aveva detto infilandosi il giaccone. Poi l'aveva baciata sulle guance ed era corso verso l'ascensore.

Trascorsi due minuti esatti, Martina si era affacciata alla finestra. Da lí, come ogni volta, aveva salutato il nonno con la mano aperta e lui, dal basso, aveva risposto nello stesso identico modo.

Perché il nonno non viene?

Era trascorso il martedí e anche il giovedí dopo e del nonno non aveva piú avuto nessuna notizia. Aveva provato varie volte a fare il suo numero di casa: il telefono suonava e suonava e non rispondeva mai nessuno.

Avrebbe potuto chiedere cos'era successo alla mamma o al papà, ma non voleva parlare con loro e poi erano sempre troppo impegnati a urlarsi addosso. Se anche avesse aperto la bocca non sarebbero stati in grado di sentirla. E poi, lei sapeva benissimo che non lo sopportavano. Forse erano stati proprio loro a imporgli di stare lontano.

Piú passavano i giorni, piú Martina si sentiva come Primo quando viveva nella boccia: apriva la bocca e non usciva alcun suono. Aveva tanti pensieri in testa, ma quei pensieri correndo verso l'ugola e la lingua si disperdevano da qualche foro laterale come l'aria nei copertoni di bicicletta forati. *Psst psst psst*, non c'erano piú parole per dire niente.

E poi a cosa sarebbero servite le parole?

Martina non voleva parlare il linguaggio-immondizia e neanche il linguaggio-confusione. L'unico linguaggio che riconosceva come suo era quello del nonno, il linguaggio delle porte nascoste, il linguaggio di tutte le cose che apparentemente non avevano voce.

Con gli alberi e con i motorini Martina poteva parlare benissimo senza aprire la bocca. La stessa cosa succedeva con i cani, con i fiori, con il vento, con le lenzuola che sbattevano sul davanzale.

Aveva provato a farlo anche con i suoi genitori, ma non era successo niente. La mamma stava preparando la salsa di pomodoro per la cena, Martina si era messa in un angolo e aveva cominciato a parlare con la mente: *Mamma, per piacere, potresti dirmi perché il nonno non viene più a trovarci?*

Quante volte aveva ripetuto quella frase? Tante, tantissime. L'aveva ripetuta fino a che la mamma aveva detto:

— Invece di stare lí imbambolata, muoviti, prepara la tavola.

Naturalmente aveva provato anche con il papà. Quando era venuto a svegliarla nel cuore della notte e le aveva chiesto: — Mi vuoi bene? — lei gli aveva risposto: *Guardati! Come faccio a volertene?*

— Be'? — aveva protestato il papà. — Perché mi guardi come un pollo? Dammi il bacio della buonanotte!

Martina non si era mossa di un millimetro. Allora il papà l'aveva attirata a sé, stringendola con forza.

Ahi, mi fai male! aveva detto Martina mentre i peli duri della barba le perforavano la guancia.

Gli stessi esperimenti aveva cominciato a farli a scuola.

— Martina, vieni fuori — aveva detto la maestra — e parlami della geografia delle Alpi.

Martina era uscita ed era rimasta per un po' in piedi vicino alla cattedra.

Non mi importa proprio niente delle Alpi, signora maestra. Ho freddo, un ghiacciaio sta salendo tra il mio cuore e i miei polmoni. Mi può aiutare? Chi mi può aiutare?

— Allora? Non hai studiato? Non ti ricordi proprio niente? Ma-con-gran-pena... Marittime, Cozie, Graie. No? Mah! Torna al tuo posto. Ecco un bel quattro tondo tondo.

Da quel giorno le sue compagne, invece di Martina, avevano cominciato a chiamarla "Mutina".

Durante l'intervallo la canzonavano, ma a lei non importava proprio niente. Era quello il lato bello dei ghiacciai: faceva freddo sí, ma quel freddo, allargandosi intorno con i suoi artigli ghiacciati, teneva lontano gli altri come un feroce cane da guardia.

A quel quattro ne erano seguiti molti altri. Quando erano diventati dieci la maestra aveva preteso che tornassero indietro firmati da uno dei genitori.

Martina aveva consegnato il foglio alla mamma. Lei aveva

letto prima distrattamente e poi con piú attenzione.
— Dieci "quattro!" — aveva poi ripetuto stralunata. — Dieci quattro!
Come diceva la maestra? Invertendo la somma degli addendi il risultato non cambia. Dieci quattro, mamma, è come dire quattro dieci. Quattro dieci è un bel risultato, no?
— Mi dispiace, ma dovrò proprio dirlo al papà.
Per piacere, no.
La mamma si era già infilata il foglio nella tasca del grembiule ed era tornata ai fornelli.

Quando pensava al papà, Martina sentiva sempre una specie di strano movimento nello stomaco. Era un po' come se al posto della pancia avesse avuto il cestello di una lavatrice: girava velocissimo da una parte, poi invertiva la rotta e andava dall'altra. In mezzo, invece dei panni, strizzava le sue budella. Il papà era cosí: un minuto si sapeva cosa faceva e il minuto dopo non si sapeva cosa avrebbe fatto. Per questo le creava quella confusione dentro.

La domenica, quando tutti e tre si erano ritrovati a tavola, la mamma aveva tirato fuori il foglio.

Leggendolo, il papà era diventato molto pallido e aveva teso le labbra come le corde di un arco.

— Cosa vuol dire? — aveva sibilato.

— Credo che ci sia qualche problema — aveva detto piano la mamma.

— Che problema e problema! I problemi sono due: o è stupida o non studia. Oppure le due cose insieme.

Il papà si era rivolto a lei.

— Allora, sentiamo, cos'hai da dire?

Sono Tobia e voglio andare fuori con il nonno. Dov'è il nonno?

— Hai perduto la lingua? Perché tace? Che fa? Mi provoca?

— Su Martina, rispondi al papà, non essere testarda.

I cani rispondono se gli si danno i comandi giusti, altrimenti niente.

— Forse sta poco bene.

— Con me questi trucchi non funzionano. Allora, signorinetta, vuoi aprire o no la bocca?

Martina aveva ubbidito. Non era lei a parlare, ma Tobia.

Voglio correre, saltare in braccio, farmi accarezzare la testa e le orecchie. Uoff uoff, uuuuuuuuuuuu.

Era stata una domenica proprio difficile. La mamma continuava a dire:

— Ci vuole un dottore, uno psicologo...

Mentre il papà gridava: — Ci vogliono quattro schiaffi.

E cosí avevano ripreso a litigare tra loro come facevano sempre. Anzi con piú vigore, perché era domenica e si erano riposati dormendo fino a tardi.

— È colpa tua, la trascuri!

— No, sei tu che la trascuri. Non fai niente tutto il giorno e non ti occupi neppure di lei!

— È colpa di tuo padre, che per anni le ha riempito la testa di scemenze.

— Non toccare mio padre!

— Lo tocco quando e quanto mi pare.

Scrasccc! Sbam! Sbum!!

Martina si era già ritirata nella sua stanza.

Il primo piatto rotto aveva dato il via alle danze. Martina conosceva benissimo l'andamento del nastro-spazzatura. Prima le accuse e poi gli insulti, dopo gli insulti le cose che volavano per la cucina. Un crescendo di rumori e voci simile a quello di un temporale che spinto dal vento si allontana e si avvicina, si avvicina e si allontana. Anche la fine era sempre la stessa. Il pianto della mamma e una porta che sbatteva.

— Basta, vado via da questo inferno!

In attesa dell'epilogo, Martina guardava fuori dalla finestra. In cortile e per la strada non c'era nessuno: erano ancora tutti impegnati nel pranzo domenicale. Le fronde dell'ippocastano arrivavano appena un po' più in basso. Martina salutò l'albero con la mano aperta così come di solito faceva con il nonno.

— *Ehi, chi si vede! Ciao Marti, hai già finito di mangiare?*

— *Non ho neanche cominciato.*

— *Che faccia triste.*

— *Già. I miei stanno litigando.*

— *Vuoi che ti faccia ridere? Sai qual è il colmo per un ippocastano? Essere preso in castagna! Ah ah ah!*

— *Mmmm.*

— *Non ti ha fatto ridere? Allora sei proprio triste triste.*

— *Il nonno non è tornato e a loro non importa proprio niente di me... Se non esistevo era uguale, anzi meglio.*

— *Siamo sulla stessa barca, Marti! Pensa che io non ho mai conosciuto i miei genitori. Qualche bambino o qualche cane ha portato qui la castagna, c'è caduta sopra un po' di terra e voilà! Eccomi qua! Per quel che sento dentro, credo di essere di nobili natali. Papà e mamma sicuramente vivono ancora in una villa o in un parco aristocratico, mentre io sono qua, tra le case popolari. L'unica cosa bella è che ci sei tu, così posso scambiare quattro chiacchiere ogni tanto.*

— *Anch'io dovevo nascere in un altro posto.*

— *Be', ma tu almeno hai una fortuna, Marti.*

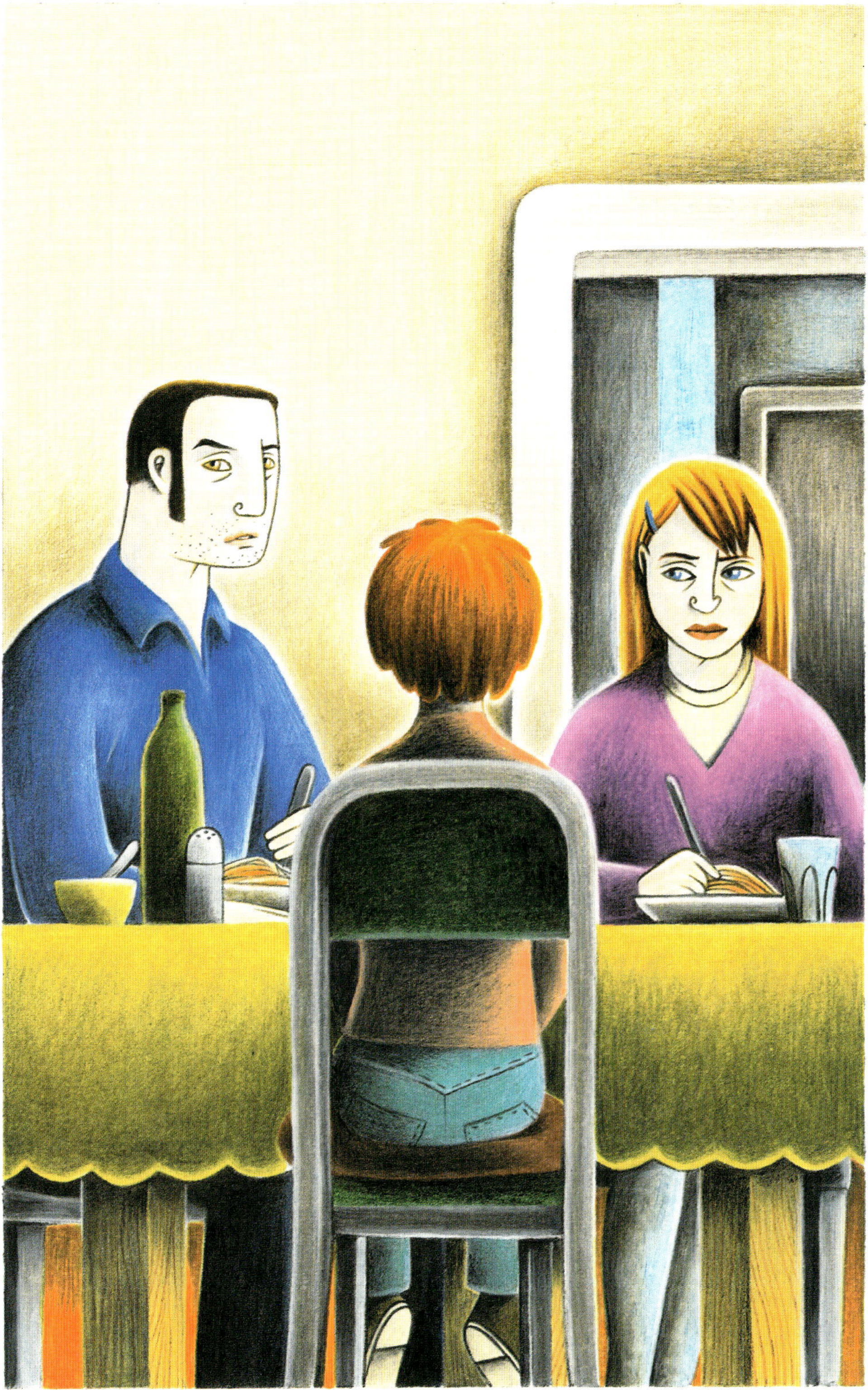

— *Quale fortuna?*
— *Hai le gambe, no? Ti puoi muovere, andare da qualsiasi parte. Io invece sono costretto a stare qui. Mi muoverò solo quando arriveranno i giardinieri del comune o quando un fulmine mi spaccherà in due mandandomi all'altro mondo. A te non piacciono i tuoi genitori, e a me non piacciono le querce, siamo ancora sulla stessa barca.*
— *Non ho detto che non mi piacciono: sono io che non piaccio a loro.*
— *Invece a me le querce non piacciono proprio, sono noiose, pignole e non fanno altro che parlarmi alle spalle. In realtà sono invidiose dei miei fiori perché tutti quelli che passano qua davanti si fermano e dicono: «Guarda che incanto l'ippocastano. I suoi fiori sono belli come i candelabri di una sala da ballo.» In cuor mio, credo che sarei andato molto piú d'accordo con una magnolia.*
— *Io andavo d'accordo con il nonno.*
— *Ehi, Marti, ma non è tuo padre quell'uomo che è uscito dal portone?*
— *Già, ti devo salutare.*
— *Marti, ricordati, tu che puoi: gambe in spalla!*

Dall'appartamento non veniva piú alcun rumore. Martina socchiuse piano la porta della cucina. Era un vero campo di battaglia: una manciata di spaghetti al pomodoro era finita persino in cima al lampadario. La camera della mamma e del papà era chiusa. Di sicuro la mamma era là dentro sdraiata sul letto con la borsa del ghiaccio sulla testa. Succedeva sempre cosí. Martina prese una spugnetta e cominciò a pulire. Tutto quel disastro era colpa sua. Forse avevano ragione i suoi genitori: non era proprio possibile volerle bene.

La lite della domenica si protrasse ancora per tutto

il lunedí e il martedí. Il papà urlava, usciva, andava al bar con gli amici e tornava ancora piú arrabbiato di prima. Sembrava un fuoco che non si spegne mai: nascosta tra la cenere c'era la brace, bastava un piccolo soffio perché riprendesse a divampare.

Per tutto il tempo Martina era rimasta nella sua stanza. Quando, la notte di martedí, aveva sentito per l'ennesima volta sbattere la porta di casa, con il grido: «Basta, me ne vado da questo inferno!» era rintanata sotto la scrivania con le mani premute sulle orecchie. Quando le aveva riaperte, aveva udito la voce della mamma. Era stridula e innaturale come non l'aveva sentita mai.

— È cosí, eh? È cosí? E allora, sapete cosa? Me ne vado anch'io da questo inferno. Me ne vado, sí!

Clop clop clop clop clop, sblamm.

Don don. La pendola aveva battuto le due di notte.

"Dev'essere uno scherzo" aveva pensato Martina, in piedi sola nel mezzo della stanza.

Che uno scherzo non era, Martina se ne accorse la mattina dopo, alla luce del giorno, quando, preso il coraggio a due mani, andò nella stanza della mamma. Il letto era perfettamente fatto, l'armadio spalancato e dentro non c'erano piú i suoi vestiti.

Invece di andare a scuola restò tutta la mattina a casa a pulire i resti dell'ultimo combattimento, poi preparò il pranzo apparecchiò tre posti, mangiò i suoi spaghetti e coprí con un piatto quelli della mamma. L'ascensore andava su e giú per i piani del palazzo, ma non si fermava mai al suo. Anche il telefono restava muto. Martina sentiva di avere una specie di palla di spugna tra il cuore e la gola.

Andò in camera sua.

— *Se ne sono andati* — disse all'ippocastano.
— *Be', Marti, allora cogli la palla al balzo.*
— *Che palla?*
— *Te l'ho già detto: gambe in spalla. Vattene anche tu.*
— *E dove vado? Nel salvadanaio ho solo cinquemila lire e non conosco nessuno.*
— *Oh, quante storie! Credi che Pollicino avesse la carta di credito?*
— *Chi è Pollicino?*
— *Pollicino era un bambino piccolo piccolo. Per liberarsi di lui i suoi genitori l'hanno abbandonato nel bosco, ma lui ce l'ha fatta lo stesso a tornare a casa.*
— *E quand'è tornato a casa cos'è successo?*
— *Si sono accorti di volergli bene.*
— *Ma io sono sempre qua. Sono la mamma e il papà ad essere andati via.*
— *Non ha importanza. Sei abbandonata lo stesso, dunque devi andare incontro al tuo destino. Succede sempre così.*
— *Cos'è il destino?*
L'ippocastano fece una breve risatina.

— *Il destino è la strada che devi fare per incontrare te stessa.*

— *Ma io sono già qui.*

— *Sí e no. Una parte di te è qui, l'altra la devi ancora conoscere. Per questo devi muoverti.*

— *E tu? Tu come fai a conoscere il tuo destino?*

— *Io posso solo aspettarlo Marti, e quando arriverà non avrò alcuna possibilità di sceglierlo. Diventerò un mobile o legna per il camino e non potrò oppormi. Per questo l'altro ieri ti ho detto: sei fortunata. Sei fortunata perché scegliendo potrai costruire la tua strada. Non perdere altro tempo, Marti. Prendi lo zainetto e vai.*

Martina obbedí. Svuotò lo zainetto di scuola dai libri e cominciò a riempirlo con le cose che riteneva utili. Dalla finestra l'ippocastano l'aiutava con dei consigli:

— *Prendi un cappellino, se il sole picchia ti fa male in testa. E un ricambio di calze: non bisogna mai avere le radici umide o fredde. Ah, e non scordarti un sacchetto di briciole e un gomitolo di spago. E poi prendi una scatola di fiammiferi, alla piccola fiammiferaia sono stati utilissimi...*

— *A chi?*

— *Non importa. Hai finito, cara?*

— *Credo di sí.*

— *Allora infilati il giaccone e scendi ad abbracciarmi.*

Martina volò giú per le scale. Il palloncino di spugna stava sempre lí ma adesso sembrava meno spesso. Uscendo, sfrecciò davanti alla signora scorbutica del terzo piano.

— *Ehi, che modi! La gioventú d'oggi giorno non conosce piú l'educazione!*

Arrivata ai piedi dell'ippocastano, Martina lo strinse forte posando la guancia sul tronco.

— *Grazie di tutto, Ippo.*

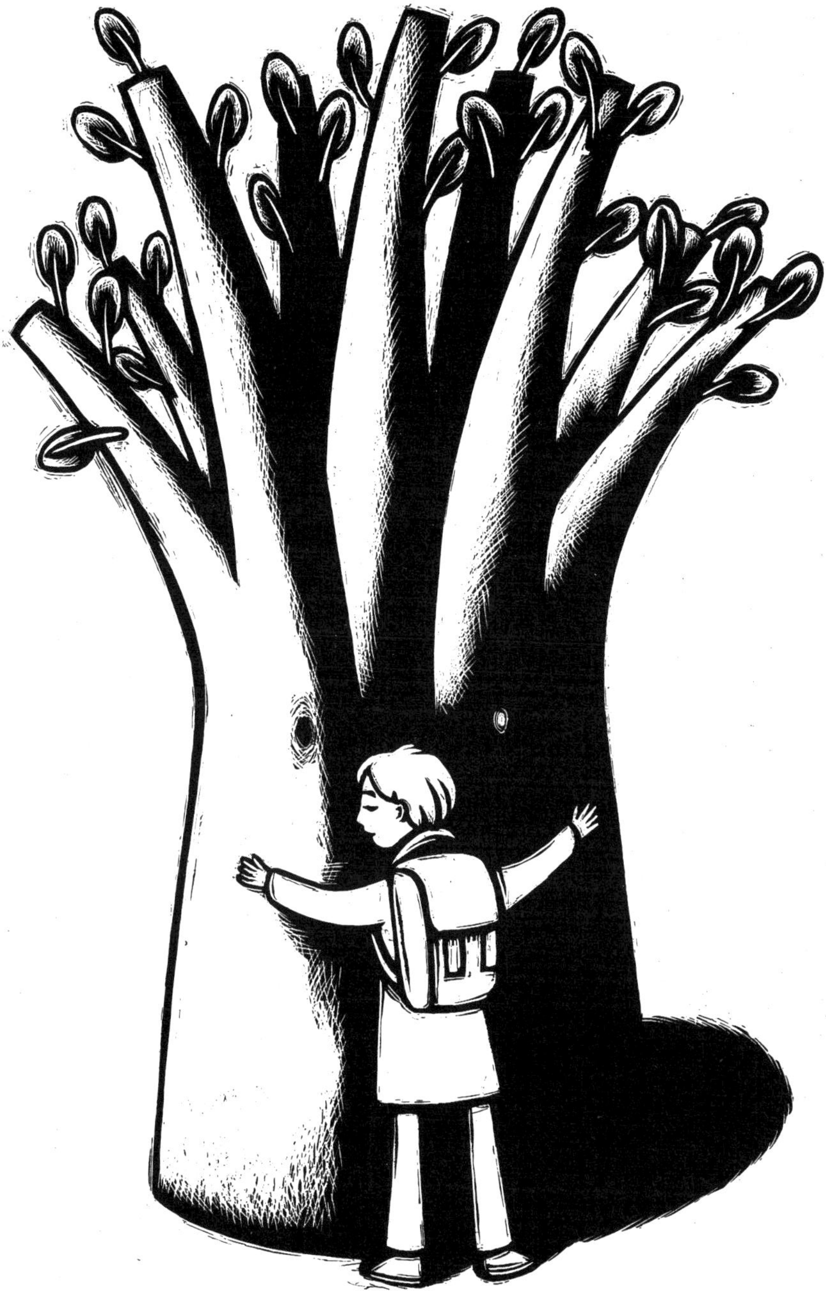

Il vecchio ippocastano stava per commuoversi.

— *Ooooh, Marti, via, mi fai solletico con la frangetta... e poi grazie di cosa? Tra amici è normale aiutarsi.*

— *Allora vado?*

— *Vai, muoviti prima che scenda il crepuscolo.*

Martina posò delicatamente un bacio sulla corteccia. Avrebbe voluto dire: «*Ho paura*» invece bisbigliò soltanto: — *Ti voglio bene* — e si allontanò senza voltarsi indietro.

Tobia del nonno

Le lingue erano tante al mondo, ma le strade ancora di piú.
Fino ad allora Martina ne aveva conosciute appena tre o quattro: quella che portava a scuola, quella che portava al parco, quella che portava al consultorio pediatrico e quella che portava all'ipermercato.
Era evidente che adesso ne doveva scoprire una diversa. Cosí, non appena vide una fermata d'autobus piena di gente, decise che la strada poteva essere quella.
Quando l'autobus arrivò, Martina si mescolò tra le gambe dei passeggeri. Era la fine di novembre e molti andavano in centro a fare gli acquisti di Natale.
Dopo un certo numero di fermate, le porte si spalancarono e l'intero fiume umano, trascinando con sé Martina, si riversò sul marciapiede.
Martina si guardò intorno: si trovava in una grande strada dove non passavano le macchine. Da una parte e dall'altra c'erano dei grandi magazzini con le vetrine illuminate. Sopra, da una specie di impalcatura, pendevano le decorazioni natalizie. Fili d'argento, sfere di vetro, piccole slitte con Babbi Natale carichi di doni, mentre, da qualche altoparlante

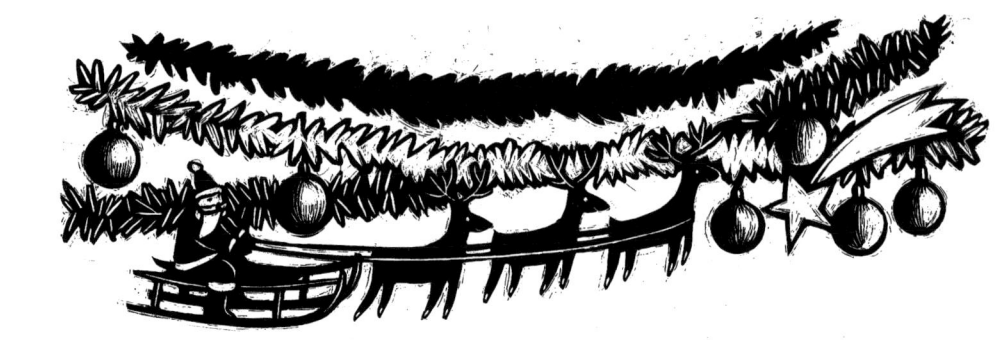

nascosto, usciva una musichetta sempre uguale.

Non c'erano alberi intorno, né prati spelacchiati, né aiuole. Soltanto, in fondo alla via, si intravedevano una fontana e un gigantesco abete ornato per l'occasione.

Senza pensare troppo, Martina entrò in un grande magazzino. Faceva un bel calduccio là dentro ed era pieno di cose belle da toccare e prendere in mano. Attratta ora da un oggetto ora dall'altro, si dimenticò per un paio d'ore di essere una bambina sola in cerca del suo destino.

Ma tornò improvvisamente alla realtà quando una commessa anziana con il naso lungo come il becco di un grifone si chinò verso di lei dicendo:

— È un po' che ti vedo qua intorno, piccina. Dove sono i tuoi genitori?

Con prontezza di spirito Martina sollevò il braccio con l'indice puntato verso un altro reparto.

— Sono lí.

— Allora raggiungili, da brava. Non sta bene che una bambina gironzoli da sola.

Martina lasciò il grande magazzino. Fuori era buio e anche piuttosto freddo.

Un grande orologio digitale in fondo alla piazza indicava l'ora: 18 e 30, e la temperatura: 3 gradi. Martina sentí il cuore diventare piccolo e duro come una nocciola. La notte stava scendendo e non aveva un posto dove ripararsi, dove andare a dormire. Aveva invece già un po' di fame e già un po' di freddo. Perché non era rimasta ad aspettare il suo destino a casa? Magari adesso lui era andato lí a cercarla e non l'aveva trovata. Gli alberi aspettavano il loro destino, avrebbe potuto fare anche lei come loro.

In quell'istante qualcosa attrasse la sua attenzione. C'era una piccola vetrina illuminata lí davanti con la scritta: "L'Arca di Noè". Oltre il vetro, distesi su dei fogli di giornale e con le pance morbide che vibravano debolmente, dormivano dei cuccioli. Martina ci si piazzò davanti.

Uoff uoff, uff.
I cuccioli aprirono gli occhi.
— *Chi ci chiama?*
— *Sono io, Tobia.*
— *Ah, ciao. Cosa fai lí?*

— Ho perso la mia mamma e il mio papà.

— Anche noi! — fecero i cagnolini in coro — *ci hanno strappato via e adesso abbiamo freddo, abbiamo fame.*

— Anch'io — rispose Martina-Tobia — *posso venire lí a dormire con voi?*

I cuccioli si guardarono tra di loro.

— *Veramente noi stiamo aspettando di essere comprati. Aspettiamo un padrone.*

— *Io una volta avevo un padrone. Profumava di frittata e di autobus, ma adesso non ce l'ho piú. Sono tanto triste.*

— *Noi siamo dei Golden Retriever. Tu di che razza sei?*

— *Io sono un Tobia del Nonno.*

— *Be', dai, entra. C'è spazio anche per te.*

Martina non se lo fece ripetere due volte.

Dlindlon fece la porta del negozio. Il proprietario era intento a servire una signora in pelliccia. La vetrina era chiusa dall'interno cosí Martina raggiunse subito il banco.

Arf uof uof arf.

— Che lingua parla? — domandò la signora.

— Dev'essere una zingara — rispose l'uomo. — Ne inventano sempre di nuove per attirare l'attenzione e fare i loro comodi. Stia attenta al portafoglio, signora.

Il proprietario raggiunse Martina al di là del banco, le strinse forte un orecchio e la trascinò verso l'uscita. Sulla porta le consegnò mille lire e disse:

— Visto che è Natale e non voglio far cattiva impressione ai miei clienti, adesso ti intaschi queste, mi dici "grazie" e SPARISCI!

Con uno spintone la buttò fuori.

— Non farti mai piú rivedere.

Martina si girò.

I cuccioli in vetrina si erano di nuovo addormen-

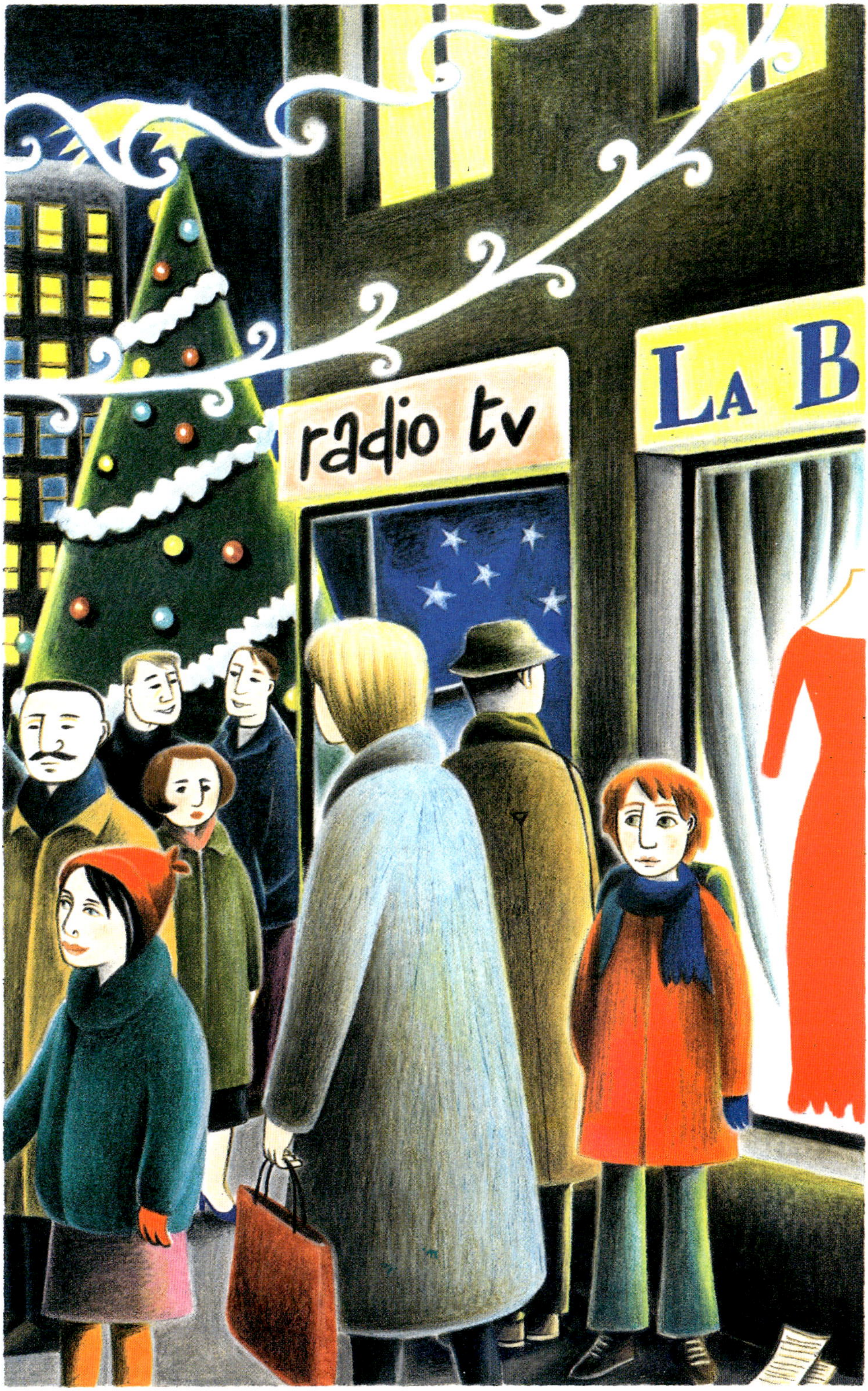
radio tv
La B

tati. Due stavano con le pance all'aria e la testa ribaltata, l'altro dormiva raggomitolato. Non avevano pensieri. Domani o dopo qualcuno li avrebbe comprati e il loro destino si sarebbe compiuto.

Alla grande ressa del tardo pomeriggio era seguito un progressivo diradarsi della gente. Ora non c'erano piú solo gambe e pance e sacchi e borsette, c'era anche tanta aria intorno. Una dopo l'altra, con un rumore secco, cominciarono ad abbassarsi le saracinesche dei negozi. Si era levato un vento di tramontana e trascinava nei suoi mulinelli le cartacce.

Martina non sapeva cosa fare. Aveva le mani e i piedi gelati e la pancia che brontolava per la fame. Pensò che poteva scegliere una faccia simpatica, avvicinarsi e dire: — Sono una bambina sola in cerca del suo destino. Mi porta a casa?

Provò due o tre volte senza alcun successo. Quei visi cosí simpatici e sorridenti alle sue parole si chiudevano come i ricci dell'ippocastano.

— Via, via, ci mancherebbe. Non voglio seccature.

In breve le strade diventarono deserte. In fondo a una via laterale brillava l'insegna di una pizzeria. Era grande con tanti tavoli, tanta gente e tantissimo rumore.

Con la stessa discrezione di prima Martina si era avvicinata ai tavoli e aveva ripetuto la sua domanda. Le reazioni non erano state molto diverse. Qualcuno, pensando che scherzasse, si era messo a ridere.
— Simpatica la piccola. — Qualcun altro le aveva offerto un pezzo di pizza.

Quando aveva sentito un cliente chiamare il cameriere e dire piano: — Bisognerebbe chiamare la polizia — Martina aveva imboccato rapidamente l'uscita.

L'orologio digitale adesso segnava le 11, e 0 gradi.

Martina vide davanti a sé tre grandi cassonetti della spazzatura. Una volta, durante uno sciopero dei netturbini, il nonno ne aveva aperto uno e aveva detto:

— Senti che calduccio? È la fermentazione.

Lí vicino trovò una cassetta della frutta, ci montò sopra e aprí il primo cassonetto: era strapieno. Il secondo era nelle stesse identiche condizioni. Il terzo, per fortuna, era semivuoto. Tappandosi il naso, Martina si lasciò scivolare dentro: la puzza era tremenda, però c'era un bel teporino.

Martina tirò fuori dallo zaino la coperta e l'orsacchiotto con la sciarpa del nonno e si rannicchiò nel punto piú omogeneo.

Uuuuuu... uuuuuuu, fischiava il vento sfiorando gli spigoli di plastica del cassonetto. *Uuuuu... uuuuu.*

"Uno chalet non deve essere molto diverso" pensò Martina. Era troppo stanca per pensare qualcos'altro e cosí si addormentò.

Fu svegliata da una torcia negli occhi e da un urlo.

— *Uak uak uak! Yuuuuu!* — gridava qualcuno là fuori con una voce stridulissima. — *Uak, uak, yuuuu!* Finalmente ce l'ho fatta! Il mio primo neonato nel cassonetto!

Martina si stropicciò gli occhi e si guardò intorno: non c'era nessun neonato lí. Alzatasi in piedi si trovò faccia a faccia con un'anziana signora. Aveva il volto solcato da rughe come la coscia di un elefante e sembrava che in testa si fosse rovesciata uno scolapasta pieno di spaghetti.

— Parlate di me, signora? — domandò Martina.

— Di chi, sennò?

— Mi dispiace deluderla, ma non sono piú un neonato. Ho otto anni e cinque mesi esatti.

— Già. In effetti sei piuttosto grandina. Comunque qualcuno ti ha gettata in un cassonetto, il che, ragionando e sragionando, vuol dire che nessuno ti vuole. Sei come quelle lattine vuote, un pezzo di spazzatura.

Martina abbassò la testa e tacque. La signora aveva ragione. Tra lei e un barattolo non c'era proprio nessuna differenza.

La signora le porse la mano.

— Vieni fuori, cara. Poi si fermò. — No, anzi, stai lí... Sai una cosa? Sai cosa succedeva se tu rimanevi a dormire lí dentro fino a domani mattina?

Martina scosse la testa.

— Succedeva che prima ancora che tu avessi il tempo di dire "buongiorno" eri già stata scaricata tra le lame rotanti del camion assieme alle bucce di arancia e agli avanzi di pollo, e trasformata in pezzi piú piccoli di uno stuzzicadenti.

Martina rabbrividí. Come aveva fatto a non pensarci?

— E questo, sai cosa vuol dire? — proseguí l'anziana signora. — Ragionando e sragionando, vuol dire che ti ho salvato la vita, il che vuol dire che tu dovrai passare con me il resto dei tuoi giorni... Adesso salta, vieni fuori.

Con lo zainetto sulle spalle Martina saltò giú dal cassonetto. Il cielo era molto buio. Doveva essere ancora notte fonda.

— Dove andiamo, signora?
— Dov'è ovvio che andiamo, al mio castello.

Il regno delle cose perdute

Per raggiungere il castello della signora avevano dovuto camminare un bel po'. Quando finalmente era apparso in lontananza, stavano già salendo le prime luci dell'alba.

Il castello si trovava sotto un ponte della ferrovia. Non era un castello vero e proprio, ma ci assomigliava molto. Sulla facciata d'ingresso, un vecchio cartellone pubblicitario mostrava un enorme drago con lunghe fiamme che gli uscivano dalla bocca, mentre le sue zampe stringevano una scolorita bottiglia di amaro. Davanti al portone svettavano due pennoni con sopra una maglietta della salute usata e una vecchia camicia verde stinta. Le bandiere del castello.

— Non preoccuparti per lui — aveva detto la signora indicando il drago. — Sta lí solo per fermare i nemici. Togliti le scarpe prima di entrare, che sennò mi sporchi tutto il marmo.

Martina obbedí docilmente anche se il pavimento era fatto di scatole di cartone sporche.

— Eccoci, cara, benvenuta nel mio regno.

— Che regno è? — domandò Martina accomodandosi su una cassetta di bottiglie vuote.

— Non l'hai capito? È il regno delle cose perdute. Io salvo tutto ciò che gli altri buttano via. C'è tanta crudeltà nel mondo, sai piccola, tanta, davvero tanta. La gente corre e butta via, corre e butta via. Vogliono essere leggeri, liberi. Ma dove corrono, dico io? Tanto, la fine è sempre la stessa. Corrono come i topi che si annegano in mare, non trovi? Cosí io mi fermo e raccolgo, porto con me tutte le cose che nessuno piú guarda, le cose che piangono.

— Io ho perso il nonno — disse allora Martina — e il papà e la mamma sono andati via.

— Per questo ti ho raccolta. Il mio lavoro lo so fare, sai. Adesso questa casa sarà la tua casa. Per sempre.

— Perché per sempre?

— Perché quando si finisce nel regno delle cose perdute non si può piú tornare indietro. Ti hanno buttato via, non sei piú niente. Ragionando e sragionando, se sei niente non puoi mica diventare qualcosa, no?

— Ma io nel cassonetto ci sono entrata da sola, perché avevo freddo.

— Sarà anche vero, ma se tu non fossi stata una cosa buttata via, a quell'ora e con quella temperatura saresti stata nel lettino della tua camera, calda calda sotto le coperte e con un bel bacio della buonanotte stampato sulla fronte.

Martina abbassò lo sguardo. La signora, purtroppo, aveva ragione.

— Però un mio amico mi ha detto che devo cercare il mio destino.

La signora scoppiò in una risata.

— Il destino! Non sai quanti ne ho incontrati io di destini! Mi venivano incontro come delle bellissime carrozze. Carrozze con sopra i principi azzurri. Io ci saltavo dentro, facevo un po' di strada, ma poi non ero contenta e cosí, ragionando e sragionando, capivo sempre che quel destino lí non era mica il mio. Credimi, piccola, il destino è solo una rogna. E poi il tuo destino ce l'hai già. Il tuo destino sono io. Ragionando e sragionando, non ti ho forse salvato la vita?

Detto questo, la nobildonna Rattosa dei Turlucchi (cosí aveva detto di chiamarsi) portò Martina nella sua camera, un quadrilatero tutto coperto di sacchetti color rosa.

— C'è anche un salone verde e uno giallo — aveva detto chiudendo la porta di plastica. — Ma penso che il rosa si addica di piú a una bambina.

Rimasta sola, Martina si sedette sullo zainetto e cominciò a piangere. Era la prima volta che le capitava da quando era andata via di casa. Tutto quello che aveva detto Rattosa era vero. Lei era un niente di cui tutti si volevano liberare. Solo il nonno l'aveva sopportata, ma anche lui ce l'aveva fatta fino a un certo punto, poi doveva essersi stufato. Questa era la ragione per cui da un giorno all'altro era scomparso.

Con la mente, Martina tornò alle sue compagne di scuola. "Che cos'ho di diverso da loro?" si domandava. "Perché loro hanno dei genitori che gli vogliono bene e io no? Perché dormono nei loro lettini mentre io sto nel regno delle cose perdute? Perché io non riesco a essere piú buona e a farmi voler bene?"

Mentre singhiozzava pensando a questo, Martina sentí una vocetta nella stanza.

— *Secondo me tu non sei cattiva.*
— *Chi ha parlato?* — chiese alzando la testa.
— *Sono io, Athos.*

Nell'angolo vicino alla porta c'era un coniglietto nano. Era tutto nero con una stella bianca sul muso.

— *Chi sei?*
— *Non lo vedi? Sono un coniglietto.*

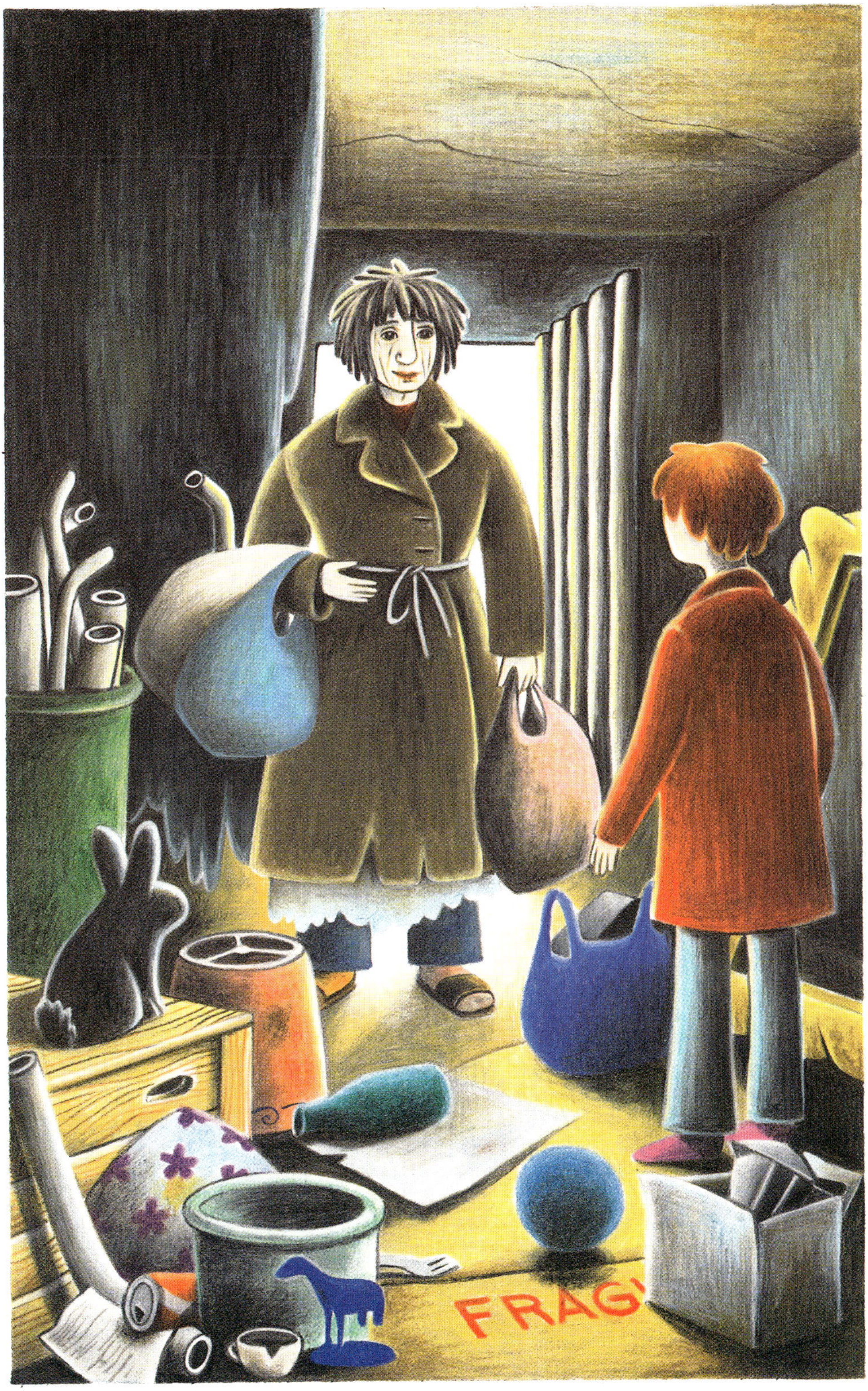
FRAG

— *Sei di qui? Intendo dire, sei una cosa perduta?*
— *Già, proprio cosí. Un giorno dei signori mi hanno comprato per far divertire il loro bambino. Per un po' hanno riso davanti alla mia gabbietta, poi hanno cominciato a dire che puzzavo e quando uscivo mangiavo tutti i mobili, e cosí un bel giorno mi hanno preso per le orecchie, chiuso in un sacchetto della spazzatura e buttato via.*
— *Orribile.*
— *Orribile, dici bene. Se non mi avesse salvato Rattosa starei già saltellando da tempo nelle grandi praterie dei coniglietti trasparenti.*
— *Perché dici che non sono cattiva?*
— *Perché lo vedo: sei una bambina gentile d'animo e tenera. Mi sarebbe piaciuto tanto essere il tuo coniglietto.*
— *Ma i miei genitori dicono che sono cattiva.*
— *Cosa fai per essere cattiva? Urli? Sputi per terra? Rompi i piatti e le finestre? Dici bugie? Rubi?*
— *Oh, no, niente di tutto questo.*
— *E allora?*
— *Non sono come loro mi vogliono.*
— *E come ti vogliono?*

Martina si fermò a riflettere. Come la volevano? Mah!

— *A dire il vero non lo so, non so come mi vogliono... Forse ha ragione Rattosa: non mi volevano proprio, punto e basta. Insomma, si sono sbagliati.*
— *No, no, no. A questo non ci posso credere: nessuno viene tirato giú dal cielo se non c'è una ragione precisa. Se sei qui vuol dire che qualcuno ti ha desiderato. Non so chi, ma qualcuno l'ha fatto. Qualcuno aveva bisogno dei tuoi occhi, delle tue parole. I destini prima o poi si incontrano.*
— *Il nonno... il nonno sí. Lui mi voleva bene e anch'io ma... poi anche lui si è stufato ed è andato via.*
— *Ne sei proprio sicura?*

— *All'inizio pensavo che gli fosse successo qualcosa. Però poi non si è piú fatto vivo e allora ho capito che...*

— *Scusa, e se invece gli fosse davvero successo qualcosa? Se magari avesse bisogno del tuo aiuto?*

— *Dici sul serio?*

— *Ho questa sensazione. E poi, noi conigli saremo anche paurosi, ma abbiamo un grande fiuto, snuffete snuffete, e grandi orecchie.*

Martina abbassò gli occhi.

— *E se invece fosse... fosse...*

— *... nelle grandi praterie dei nonni trasparenti?*

— *Sí* — disse Martina mentre due lacrime tiepide le scendevano lungo le guance.

Con due salti Athos le balzò in grembo.

— *Anche in questo caso sarebbe meglio saperlo, non trovi? Come coniglio non dovrei proprio dirlo, ma una verità grande è questa: chi scappa non arriva mai da nessuna parte. E adesso, su, tieni, asciugati pure con le mie orecchie, padroncina.*

— *Snuff, prrt... Hai detto "padroncina", Athos?*

— *Eh già, visto che al momento siamo due cose perse, possiamo almeno ritrovarci a vicenda, non credi?*

Martina sentí uno strano teporino salirle dal cuore lungo la gola. Quel teporino invece di fermare il pianto lo aumentava.

— *Sniff, sniff, ti voglio bene Athos, prrrt.*

— *Ehi, ti ho detto di asciugarti gli occhi con le mie orecchie, mica di soffiarti il naso.*

— *Oh, scusami Athi... Posso chiederti ancora una cosa?*

— *Dimmi.*

— *Cos'è la verità?*

— *La verità, Marti, è la strada che ti porta al tuo destino.*

Martina trascorse qualche giorno assieme ad Athos al castello della nobildonna Rattosa dei Turlucchi. Il fatto di avere di nuovo un amico la rendeva un po' piú tranquilla. Cominciava a sentire la mancanza dell'ippocastano. E poi Athos e l'albero parlavano in maniera abbastanza simile.

Ogni sera, dopo cena, Rattosa si metteva in marcia con una fila di sacchetti inanellati sul braccio verso i cassonetti di una zona diversa della città. Al suo ritorno, poco prima dell'alba, battendo un cucchiaio su una pentola, svegliava gli abitanti del regno, cioè Athos e Martina, affinché l'aiutassero a vuotare i sacchetti dividendo poi i materiali nelle varie stanze.

C'era la stanza dei libri e quella dei giocattoli, la stanza delle stoviglie e quella degli elettrodomestici. Martina era davvero strabiliata da quanta roba riuscisse a raccogliere la nobildonna in una notte. Vedendo tutto quel ben di Dio buttato via si sentiva anche un po' meno sola.

Con il passare dei giorni però venne presa da una

sorta di strana inquietudine. Una sera si confidò con Athos.

— *Non voglio essere una cosa persa per sempre.*
— *È una saggia decisione, Marti.*
— *Voglio andare via di qui. Voglio cercare il nonno.*
— *Giusto. Però c'è un piccolo sasso davanti. Un impedimento.*
— *E cioè?*
— *Rattosa.*
— *Me lo impedirà?*
— *Non so se te lo impedirà, ma certo sarà molto triste. Esiste la riconoscenza, capisci?*
— *La riconoscenza?*
— *Sí, essere grati per qualcosa. Io sono riconoscente a Rattosa perché mi ha tirato fuori dal sacchetto quando stavo soffocando. Avrei potuto andarmene via di qui tantissime volte, ma non l'ho fatto per questo. Anche tu dovresti provare qualcosa di simile. In fondo ha salvato anche te.*
— *Hai ragione, ma lei dice che il destino non esiste e che una cosa persa è una cosa persa per sempre.*
— *Dice cosí perché ha paura. Tu non conosci la sua storia, ma io sí. È una storia molto triste.*
— *Me la puoi raccontare?*
Athos esitò. — *Non so se è una cosa per bambini.*
— *Io conosco già tante cose tristi.*
— *E va bene...*
Cosí Martina apprese la vera storia di Rattosa.

Anche se era difficile immaginarlo, Rattosa da giovane era stata una bellissima ragazza. Bella e poverissima. Un giorno il Barone Rattoso Rattoson dei Turlucchi, passando con la sua auto in mezzo ai campi, la vide e se innamorò. Tutta la famiglia era contraria, ma lui la sposò lo stesso. Il loro era veramente un grande amore. Uno dopo l'altro nacquero tre figli. Ma poco dopo la terza nascita successe la disgrazia. Il Barone uscí a nuotare in mare aperto e non fece piú ritorno. A quel punto Rattosa impazzí. Invece di curarla, la famiglia di lui la cacciò via di casa e le portò via i bambini. Da quel giorno gira per le strade raccogliendo tutto ciò che gli altri non vogliono.

— *Perché i suoi bambini non la cercano?*

— *I suoi bambini ormai sono grandi. Forse ormai neanche si ricordano di averla avuta come mamma. E poi Rattosa è il nome della famiglia del marito. Il suo vero nome è Pina.*

— *È un nome molto piú bello.*

— *Già, lo penso anch'io.*

A quell'ora Pina stava dormendo. Martina ed Athos la raggiunsero nella sua stanza. Era sdraiata su un cumulo di cartacce e dormiva rannicchiata su se stessa, con i pugni stretti. Vedendola cosí, Martina si accorse che era molto piccola e molto secca e forse era anche molto vecchia.

— *Nessuno le vuole piú bene da molto tempo* — bisbigliò piano Athos.

Martina le si avvicinò, prese uno di quei pugnetti sporchi nella sua mano e lo accarezzò.

— *È proprio una cosa persa.*

Le labbra di Pina si aprirono piano piano in un timido sorriso.

— *Guarda* — osservò Athos — *nessuna cosa è persa per sempre...*

Di nuovo sola

Il destino di Martina – e di Pina – arrivò il giorno seguente, nelle prime ore del mattino.

Non si trattava di una carrozza con un principe azzurro, ma di un'auto della Polizia seguita da un'auto del Centro Sanitario. Qualcuno, infatti, passando, aveva visto che nella baracca della barbona c'era una bambina, e aveva subito fatto una denuncia alle forze dell'ordine.

Sollevando alti spruzzi di fango e con tutte le sirene spiegate, le due auto si inchiodarono davanti all'ingresso principale del castello.

Martina e Rattosa stavano ancora dividendo il bottino della notte. Con due balzi Athos fece irruzione nella stanza.

— *Scappate, cioè scappiamo* — gridò già correndo nella direzione opposta. Martina lo seguí, Rattosa fu piú lenta ad alzarsi.

Aveva appena mosso i primi passi che un poliziotto, armato fino ai denti, le piombò addosso.

Dopo di lui, con una cartella in mano e i tacchetti a spillo, entrò un'assistente sociale.

— Dov'è la bambina? — domandò con voce stridula.

— È andata di là — rispose il poliziotto mentre cercava di difendersi dai graffi di Rattosa.

La donna si lanciò subito all'inseguimento della fuggitiva. Appena si accorse di averla alle calcagna, Martina accelerò il passo. Tra loro c'erano una cinquantina di metri di distanza. Le gambe dell'assistente però erano molto piú lunghe delle sue.

— Fermati! *Puff... puff...* Non ti voglio fare del male... *Pant... pant...* — gridava correndo. — Ti riporterò a casa, *pant... pant...* dai tuoi cari.

Martina non era abituata a correre. A ogni metro sentiva la gola piú chiusa e il cuore che pulsava nelle orecchie.

Alla curva del cavalcavia, la mano della donna l'afferrò a una spalla.

— Presa! — gridò trionfante.

Allora Martina fece una cosa che non avrebbe mai osato immaginare prima. Si girò e *sgnac!* le morsicò la mano.

— Ahia! — La donna mollò immediatamente la presa.

Mentre Martina riprendeva a correre finalmente libera, le urlò dietro:

— Vai piccola disgraziata! Vai, corri pure incontro al tuo destino!

Martina corse ancora per un bel po', corse fino a che non fu sicura di essere in salvo. Quando non vide piú niente e nessuno dietro di sé, si lasciò cadere in un piccola buca ai piedi della massicciata della ferrovia. Rimase lí tutta la giornata, incurante della fame e del freddo. Ogni tanto si addormentava e ogni tanto si risvegliava. A intervalli irregolari i treni sfrecciavano sopra la sua testa.

Dudun dudun dudun dudun tuuuuu dudun dudun, tuuu.

"Dev'essere bello essere un treno" pensò galleggiando nel dormiveglia. "Dev'essere bello avere per destino una rotaia con qualcuno che ti guida. Correre e correre e correre ancora senza mai il rischio di sbagliare strada."

Quando sulla periferia scese la sera e la brina ghiacciata coprí ogni cosa, Martina si alzò da lí e andò alla ricerca di un posto piú caldo. Per tutto il giorno aveva sperato di veder comparire Athos, ma il coniglietto non era apparso. Fuggendo nella direzione opposta doveva aver perso le sue tracce. Adesso era di nuovo sola e non sapeva cosa fare.

Il destino non le veniva incontro e lei non aveva la minima idea di dove cominciare a cercarlo.

In fondo a una lunga strada popolata solo da lampioni brillava l'insegna di un capolinea della metropolitana. "Almeno lí farà caldo" pensò Martina e si incamminò in quella direzione.

Nel grande atrio nero non c'era nessuno. Doveva stare attenta a non farsi notare. Si guardò intorno con cura e vide il posto adatto: c'era una piccola nicchia tra la macchina dei biglietti automatica e un videogioco. Si rannicchiò lí in mezzo, protetta dai due parallelepipedi di metallo. Batteva i denti per il freddo accumulato durante il giorno. A quel freddo poi si era aggiunto il freddo piú sottile portato dalla fame.

Martina si ricordò di avere nello zaino la sciarpa scozzese del nonno. La tirò fuori e dalle sue pieghe caddero i fiammiferi che le aveva consigliato di prendere l'ippocastano. Sistemò la sciarpa tutta aperta sulla pancia come fosse una coperta e poi prese i fiammiferi.

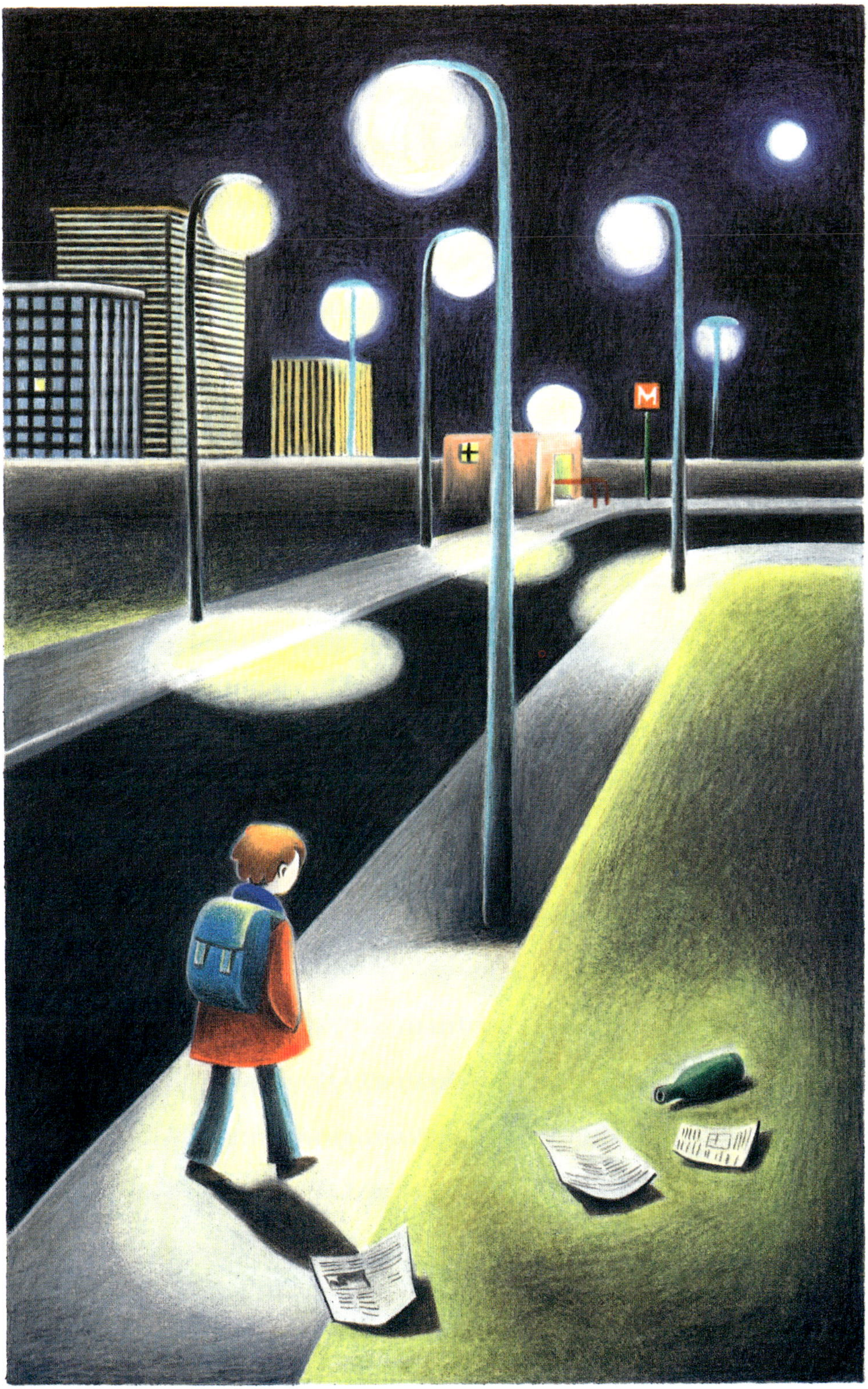
M

A chi aveva detto che erano serviti tanto? Martina non se lo ricordava, ma non aveva importanza. L'importante era che potevano fare un po' di caldo. Martina ne sfregò uno contro la scatola e subito una bella fiamma saettò davanti ai suoi occhi.

Com'era bello avere quel tepore vicino, era quasi come avere un amico. Ma gli amici si perdevano sempre, l'ippocastano era rimasto al suo posto, Pina, l'avevano portata via e Athos era scomparso in qualche cunicolo dall'altra parte del mondo. Anche quella fiamma tra pochi istanti si sarebbe spenta, già le scottava le dita e ondeggiava in maniera diversa.

Martina tirò un sospiro profondo. Tutto finisce. Questa era una cosa davvero triste. Tutto finisce e si è sempre soli.

Ciò che avrebbe desiderato piú di tutto era un amico che non se ne va mai via, ma questo era un desiderio davvero imposs... ma cosa stava succedendo?

D'improvviso, la macchina a cui era appoggiata aveva cominciato a vibrare in modo spaventoso.

Brrrrsbamsbammm brrrr.
Martina pensò che si trattasse di un terremoto. Soltanto quando vide che vibrava il videogioco e non la macchina dei biglietti, capí che si trattava di qualcosa di diverso.

Brrrrsbamsbammm brrrr sput sput sbamm.

Il rumore divenne presto un fracasso e il fracasso raggiunse un punto limite. Poi, tutt'a un tratto, il fracasso cessò e al suo posto scese un silenzio quasi pauroso. Nel silenzio si condensò un punto di luce.

Non poteva essere il fiammifero perché il fiammifero era già spento.

Il punto di luce, roteando velocemente su se stesso, si espanse, diventò grandissimo. Dal videogioco uscí una dolcissima musica di arpa.

Plin plin plong.

Un ninja con le ali

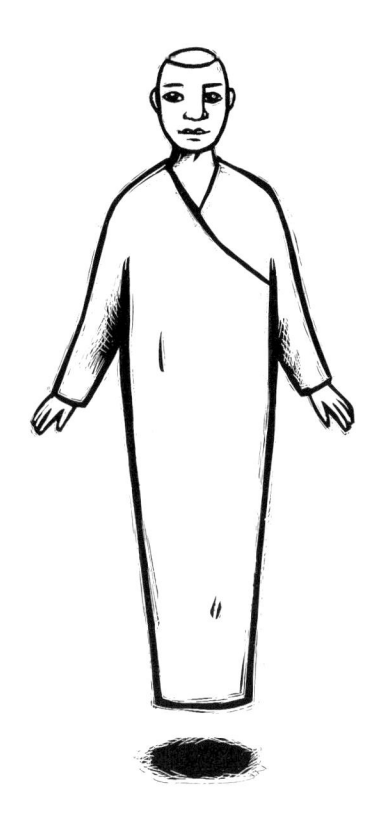

Martina si stropicciò gli occhi due o tre volte. Era un effetto del sonno, della fame o delle due cose insieme? Dalla luce era saltata fuori una figura. Ora si stiracchiava davanti a lei come una persona dopo un lungo viaggio in macchina.

— Finalmente! Non ne potevo piú di stare là dentro a saltellare avanti e indietro come una scimmia.

Martina guardò meglio. La strana figura che aveva parlato era vestita da guerriero ninja, ma il viso non era per niente cattivo. Anzi, a guardarlo veniva subito una specie di caldino dentro.

Sembrava in tutto e per tutto un essere umano,

tranne che per un particolare: invece di toccare il suolo stava sospeso in aria. Non tanto: mezzo metro o poco meno. I piedi non si vedevano e nemmeno nessun tipo di propulsore. Stava così senza fare apparentemente nessuna fatica.

Martina voleva chiedergli: «Chi sei?». Ma fu lui a parlare per primo. Si guardò intorno e disse:

— Dal momento che intorno non vedo nessun'altra forma umana, deduco che sei stata tu a chiamarmi.

— Si sbaglia, signore. Io non ho chiamato proprio nessuno.

— Non sei tu che hai detto: «Vorrei un amico che stesse con me per sempre?»

— Sí, ma...

— Con il ma e con il bah lontano non si va... Eccomi qua! Sono con te, al tuo servizio...

— Mi scusi, signore, non vorrei essere maleducata, ma... cioè no, insomma... chi è lei?

La figura sorrise.

— Prova a indovinarlo...

— Ehm, be'. Con tutti quei muscoli e il kimono, non so... Potrebbe essere una guardia del corpo?

— Acqua, acqua, ma anche un po' fuochetto.

— Perché fuochetto?

— Perché un po' guardia sono.

— Ehm... qualcosa tipo un genio? Il genio della lampada, il genio di Aladino?

— Acqua, acquissima. Con i test di intelligenza sono sempre stato una frana.

— Allora non mi viene nient'altro in mente.

— Su, sforzati ancora un pochino.

— Non riesco proprio...

— Allora ti darò un piccolo aiuto. Aspetta...

La figura cominciò a dimenarsi su se stessa come una signora che cerchi di sfilarsi un abito troppo stretto.

— Per tutti i cirri, per tutti i cumuli! Con questi travestimenti ci costringono a stare stretti come salsicce. Abbi ancora un istante di pazienza e, *oooo*, *uff*, ecco, ce l'ho quasi fatta. Aspetta... *et voilà!*

Martina restò senza parole. Dalle spalle del ninja erano spuntate due ali enormi e candide.

— Adesso hai capito?

Martina annuí.

— Certo! Sei un gabbiano, travestito da uomo!

La figura abbassò la testa e con la testa scesero un po' anche le ali.

— No, cara — disse in tono leggermente avvilito — non sono un gabbiano, né un aquila dalla testa bianca, né una colomba, né un pipistrello albino. Non sono neanche l'imbottitura di un piumino, né un paracadute cucito male. Sono un angelo, cara Marti. Il tuo angelo custode.

Martina restò un attimo in silenzio ripetendo fra sé le ultime parole. Gli angeli li aveva visti soltanto una volta in un programma televisivo sul Natale. Avevano le ali di cartone e svolazzavano sul tetto di un catapecchia.

— Sei scappato dal presepe? — domandò poi.

— Scappato? Gli angeli non scappano mai. Gli angeli del presepe sono angeli del presepe. Io appartengo a un'altra divisione. Sono un angelo custode.

Martina aveva ancora le idee poco chiare.

— E cosa custodisci? Una banca?

L'angelo era meravigliato.

— Che tempi! — disse volgendo lo sguardo in alto. — Che tempi! E pensare che una volta non c'era bambino che non ci rivolgesse ogni sera un saluto, una preghierina. Adesso invece ci scambiano per vigilantes... Martina — proseguí abbassando la voce — non ci siamo ancora capiti. Ho detto che sono il tuo angelo custode, dunque custodisco te, è chiaro? Anche se non te ne sei mai accorta, lo faccio dal giorno in cui sei nata.

— Perché allora stavi nascosto là dentro?

— Ero entrato là dentro per vedere come funzionano questi affari. Un mucchio di miei colleghi ha problemi con queste diavolerie, ci sono bambini che ci vivono incollati come patelle sullo scoglio.

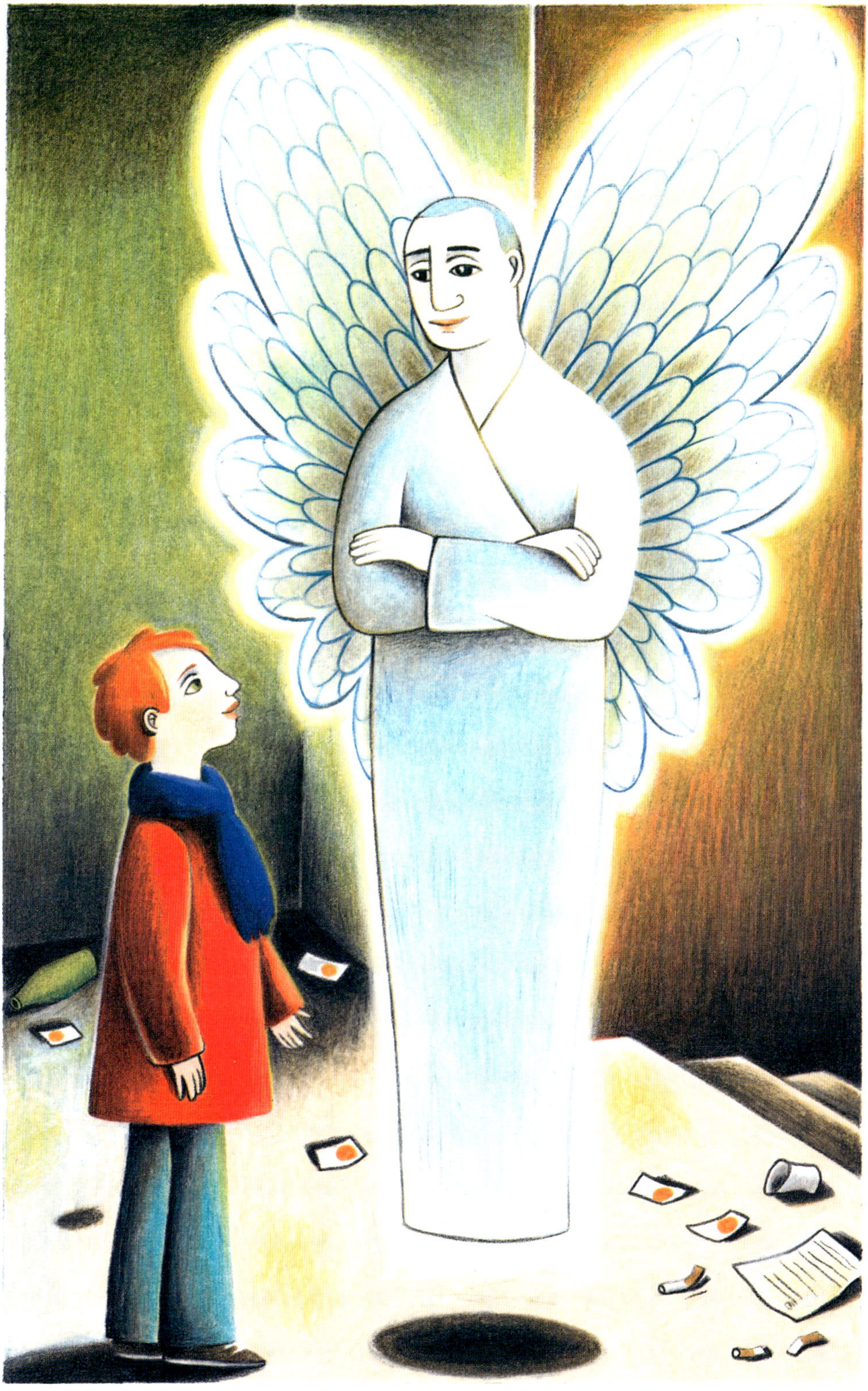

— Se c'eri, potevi anche farti sentire prima, no?
— Non mi hai mai chiamato.
— Se non sapevo che c'eri, come facevo a chiamarti? Ero sola, ero triste e tu non c'eri.
— C'ero, ma non mi vedevi.
— Bella consolazione! E allora a cosa servi?
— Servo a guidare le anime.
— Le anime non hanno il volante, né il clacson e neanche il freno. Come fai a guidarle?

L'angelo sorrise.

— Ci vuole una certa abilità. Senza che loro se ne accorgano, le guido aiutandole a scegliere.

— Io non ho scelto di venire al mondo. Fosse stato per me, avrei fatto volentierissimo a meno. Perché devo scegliere?

— Per costruire il tuo destino, cara.

Destino! Martina non ne poteva piú di quella parola. L'unico destino che le sarebbe piaciuto avere era quello di nascere in una di quelle famiglie dei caroselli in cui tutti si abbracciano e ridono sempre.

— Destino! — sbottò allora. — Non voglio nessun destino. Non ne posso piú di tutti i vostri destini. Io sono sola e... — avrebbe voluto dire "tanto triste", ma invece di dirlo scoppiò a piangere. Era un pianto profondo, violento che la scuoteva dalla punta dei piedi alla punta dei capelli.

L'angelo la sollevò delicatamente tra le ali.

— Ci sono qua io — ripeté cullandola.

Martina singhiozzò ancora per un poco, poi piano piano si calmò.

C'era un bel teporino là in mezzo, e poi era una bella sensazione sentire il vuoto intorno e allo stesso tempo essere saldamente sospesi. Non aveva mai sentito niente di cosí morbido.

— *Sniiff*, sono... sono vere piume?

— Certo tesoro, vere piume originali "angelo custode". Per i bambini asmatici vengono prodotte in modello anallergico.

— Sono morbidissime.

— Non è merito mio, ma credo siano una delle cose piú morbide del mondo.

— Sono anche idrorepellenti?

— Certamente. Idrorepellenti e antimacchia.

— Allora posso soffiarmi il naso?

— Ma naturale, cara, prendi il lembo esterno che si presta meglio...

— *Prrrt sprrt.*

Dopo essersi liberata entrambe le narici, Martina si addormentò soddisfatta tra le braccia dell'angelo.

Quello che gli uomini non vedono

Quando Martina si svegliò, la stazione era piena di gente che correva di qua e di là. La notte era passata e gli abitanti del quartiere già andavano a scuola e al lavoro.

Aprendo gli occhi, Martina si ricordò dell'angelo e fu subito presa dal dubbio. E se si fosse trattato soltanto di un bel sogno? Non stava affatto sospesa in aria, ma seduta tra le due macchine automatiche nello stesso identico modo della sera prima.

— Ehi — disse piano — dove sei finito?

— Sono qui — rispose la stessa voce della sera prima.

Martina alzò lo sguardo. Sí, era proprio lui. Stava accovacciato sulla macchina per fare i biglietti e scrutava con attenzione le persone che si avvicinavano.

— Vieni giú, cosí finiranno per vederti — disse Martina piano.

— Oh, non c'è nessuno, nessunissimo pericolo. Noi angeli siamo tutti rigorosamente invisibili, cioè trasparenti.

— E allora, perché io ti vedo?

— Perché avevi bisogno di vedermi. Cosí mi sono materializzato davanti ai tuoi occhi.

— Vuol dire che sei finto, cioè ti ho inventato io perché avevo bisogno di qualcuno che mi facesse sentire meno sola?

— Secondo te esistono solo le cose che si vedono?

Martina rifletté.

— Il nonno diceva che...

— Che?

— Che ci sono tante porticine invisibili in giro e queste porticine si aprono su posti bellissimi. Solo che nessuno le apre. Non le vedono e non le aprono...

— E allora — proseguí l'angelo — dicono che la vita è una trappola, una noia, un minestrone senza alcun sapore.

— Parli proprio come il nonno — osservò ammirata Martina. — Lui diceva che anche la nonna era trasparente e anche Athos diceva che i conigli...

— Diventano trasparenti...

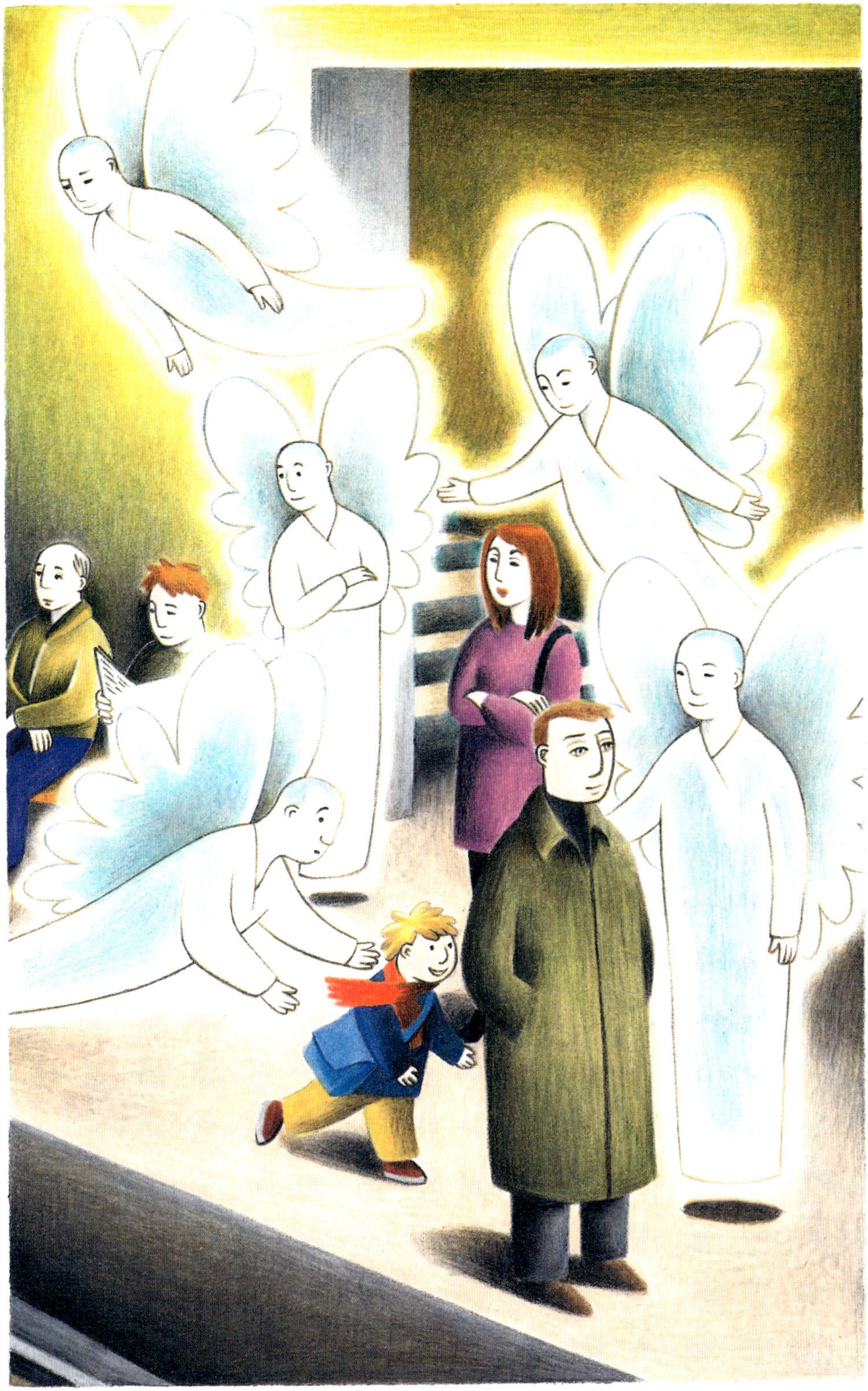

— Sí.

— È proprio cosí, Marti. Tutto ciò che vive, a un certo punto cambia stato. Passa una porticina ed entra nell'altro mondo. Nel mondo della Luce. Ed è lí che vive per sempre.

— Della luce e dell'acqua, dove stanno i pesci e la nonna?

— Della luce, dell'acqua e dell'erba, del cielo e degli alberi, delle persone che ci hanno preceduto su questa terra… È un mondo bellissimo.

— Bello come le Maldive?

— Oh, infinitamente piú bello. Lí, tutto vive nella luce di amore di Colui che ci ha creati. Non c'è niente che tu conosci che si possa paragonare.

— Senti, ma in nome di cosa dovrei crederti? Sei uscito da un videogioco, nessuno ti vede, non mi hai detto come ti chiami e…

— E cosa vorresti allora?

— Se fossi veramente quello che dici potresti fare

qualcosa di fuori del comune. Una grandissima magia. Insomma, un miracolo.

L'angelo si avvolse nelle ali.

— Sono un angelo e anche con un curriculum piuttosto impegnativo. Non sono un saltimbanco né un imbonitore da circo.

Martina sollevò le spalle.

— Lo vedi, avevo ragione. Non sai fare proprio niente. Neanche una delle magie piú semplici.

— Per tutti i cirri! Santa ignoranza! Chi ha mai detto che gli angeli devono fare le stesse cose dei maghi?

— Be', nei cartoni animati, per esempio, chi è invisibile ha sempre qualche potere straordinario... Tu non ce l'hai e cosí io non ti posso credere.

— Sei la bambina piú testarda che mi sia mai stata affidata... Aspetta un attimo, un tentativo lo posso fare...

— E cioè?

— Mettiti sotto le mie ali, chiudi gli occhi e conta fino a dieci...

Martina obbedí.

— Uno due tre... dieci!

Martina riaprí gli occhi.

— Ma sono sempre io! — disse delusa.

— Certo, cosa ti aspettavi, che ti trasformassi in un rospo? Guardati un po' intorno, piuttosto.

Martina si sporse tra le due macchine.

La prima cosa che la colpí fu proprio la luce. Non era piú quella fredda del neon, ma una luce calda, dorata, che avvolgeva ogni cosa in una sorta di diffuso tepore. Solo in un secondo momento si accorse che quella luce non proveniva dalle lampade, ma dal grande numero di angeli che stavano là sopra.

Ce n'era uno per ogni persona. Alcuni avevano il volto allegro, altri meno. Altri ancora si annoiavano con le ali ciondoloni, mentre quelli dei bambini erano sempre pronti a scattare come atleti sui blocchi di partenza.

In lontananza ce n'era uno tutto sudato: il bambino che gli era affidato non faceva altro che correre sul bordo dei binari, e lui dietro a tenergli la giacchetta. Ce n'era uno accovacciato vicino alla barbona che dormiva, e un altro seduto vicino al guidatore della metropolitana che in quel momento stava entrando in stazione.

Martina era senza parole.

— Vuoi dire — bisbigliò dopo un po' — che tutto quello che vedo è vero?

— La bugia non rientra tra le attitudini angeliche — rispose l'angelo un po' seccato. — Ma vieni, adesso, seguimi. Usciamo da qui.

Uno accanto all'altro salirono sulla scala mobile. Ogni tanto l'angelo salutava qualche collega che scendeva nella direzione opposta.

— Salve! Da quanto tempo non ci si vedeva. Di nuovo in servizio?

— Non me ne parlare! Un piccolo con l'argento vivo addosso.

— Meglio l'argento vivo che niente — rispose un altro, sconsolato. — Io vivo da trent'anni vicino alla mia anima e non mi ha mai degnato di uno sguardo. Per restare sveglio mi devo far solletico con le mie stesse ali.

— Ciao, ciao, buona giornata.

— Buona giornata a te!

Ormai erano giunti sulla strada e la situazione era pressoché identica.

Passò un autobus strapieno con due grandi ali schiacciate nella porta a soffietto. Davanti alla scuola elementare c'erano talmente tante piume che sembrava avessero sventrato un centinaio di cuscini.

Ogni tanto, nella calca, qualcuno degli angeli perdeva il suo bambino.

— Hai visto Giuseppe?

— Veramente sto cercando Simone.

— Guardate! Alberta è scappata da quella parte... Vola a prenderla...

Martina e l'angelo camminarono fino alla panchina di un giardinetto.

— Uau, mi gira la testa! — esclamò Martina sedendosi. — Non avevo mai immaginato che ci fossero il doppio di persone al mondo.

— Adesso mi credi?

— Affare fatto, ti credo. Ti credo, ma non capisco lo stesso. A cosa servite se tutti fanno finta di non vedervi? Non sarebbe meglio se il vostro capo vi mandasse a fare qualcosa di piú soddisfacente?

— Per tutte le nuvole di tempesta, è qui il nocciolo della pesca! Con il tempo e con il progresso la gente ha finito per credere che non esistiamo per niente. Dicevano: «Se con il microscopio vediamo le cose piú piccole e con il telescopio le piú grandi, com'è possibile che non vediamo gli angeli? Se non si vedono vuol dire che non esistono! Sono cose vecchie, superate! È una truffa, un imbroglio per farci fare quello che vogliono!» Cosí, piano piano, ma neanche tanto piano, hanno preso una spugna e *zac!* ci hanno tolti di mezzo. Qualcuno di noi è rimasto raffigurato sulla volta di un affresco, qualcun altro elencato nei libri di cose strane, tra i liocorni e leviatani.

— E allora perché non ve ne siete andati davvero?

— Perché il nostro, e il vostro, Creatore è infinitamente paziente. Cosí lo siamo anche noi. Viviamo sospesi nell'attesa del vostro sguardo.

— E cosa dice il "vostro" sguardo?

— Dice di essere pazienti e di imparare a crescere dentro.

— Crescere come le piante?

— Come le piante e come le maree, come la luna con la gobba a ponente e la gobba a levante. Crescere come ogni forma dell'universo cresce per compiere il suo progetto.

— Che cos'è il progetto?

— È qualcosa che devi immaginare. E dopo aver immaginato, lo devi fabbricare. Un po' come un ponte. Tu vuoi andare dall'altra parte, ma non puoi farlo se prima non lo costruisci. Di là del ponte c'è quello che cercavi.

Martina lo guardò sospettosa:

— Non è che ha a che vedere con il destino?

— Fuochin fuochetto. Senza progetto, il destino ti scappa dalle mani come un aquilone in una giornata di vento.

Martina lo ascoltava come aveva ascoltato il nonno.

— Adesso chiudi gli occhi, Marti, e conta da dieci fino a uno. Abbiamo parlato anche troppo.

— Devo proprio?

— Sí. L'importante era che mi credessi.

— Dieci, nove, otto... uno.

Quando li riaprí, il mondo era tornato quello di sempre. Grigio, rumoroso e con la gente che correva intorno.

Un solletichino-ino

Martina cominciava di nuovo ad avere freddo. Si alzarono e si incamminarono verso il centro.

Ormai si sentiva sicura: anche se non vedeva piú l'angelo, sapeva che era lí. Camminava e sentiva la sua voce. A ogni domanda lui rispondeva con la precisione di un orologio svizzero.

Passeggiando, parlarono a lungo del destino. Che

cos'era? Era proprio vero che ogni essere umano ne aveva uno? Davvero nessuno scendeva sulla terra per sbaglio?

— Il destino — aveva risposto l'angelo — è una specie di lungo gomitolo di lana. Questo gomitolo piano piano si srotola e costruisce la vita. Ogni tanto corre liscio, ogni tanto forma dei nodi. L'importante è tenerne sempre l'estremità in mano. Un bandolo è in pugno all'uomo e l'altro sta lassú, stretto nella mano infinita del Creatore.

— Oh, se è proprio cosí — aveva osservato a quel punto Martina — il mio, credo proprio di averlo perso.

L'angelo era scoppiato a ridere.

— Hai solo incontrato un piccolo nodo.

— Ma l'ippocastano diceva che il destino è la stra-

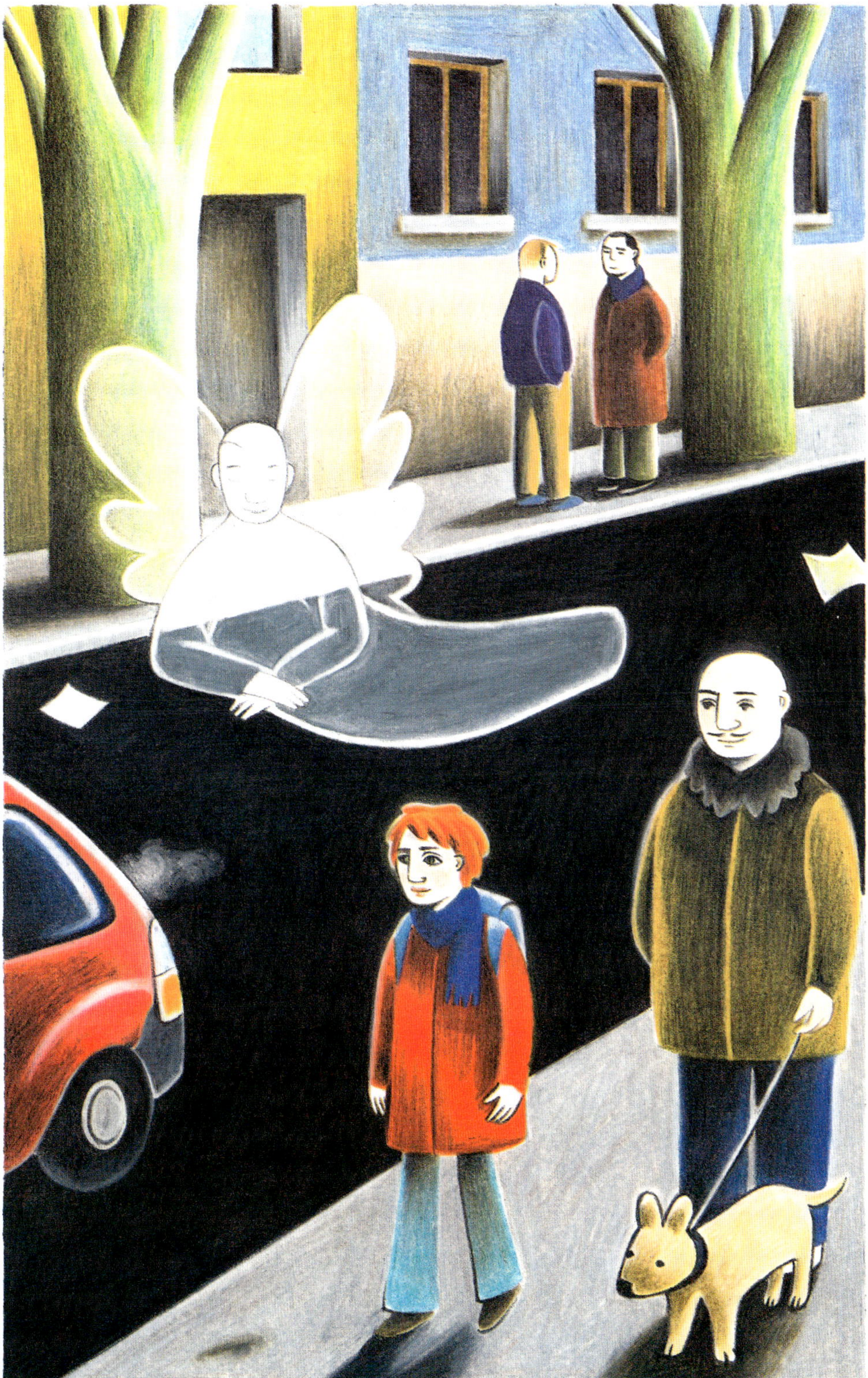

da che porta a incontrare se stessi. Invece io ho perso tutto. Sono andata via di casa e...

— Ma non sono i tuoi ad essere andati via?

— I miei non mi volevano bene.

— Forse erano soltanto molto infelici, Marti, non credi?

— Il nonno, lui sí che mi voleva bene, ma è andato via senza dirmi niente. Rattosa diceva sempre che tutto finisce e aveva ragione. Lei, l'hanno portata via. Athos è scomparso senza dirmi neanche arrivederci e grazie.

— Tu dici che sono scomparsi, ma non è vero. Dicendolo, menti a te stessa.

— Perché mento?

— Perché in realtà non sei rimasta sola neppure un istante. Tutti loro hanno continuato a vivere nel tuo cuore.

— Ma il papà e la mamma no. Cioè, solo un poco.

— Non sei cattiva per questo: è giusto che sia cosí. Fino ad ora sono stati talmente infelici da non accorgersi neppure della tua presenza. Non sono cattivi neanche loro, ti vogliono bene, solo che non sono capaci di dimostrartelo. Sono prigionieri della loro paura...

— Perché hanno paura?

— Perché credono di avere sbagliato strada. Cosí si rimproverano e rimpiangono una vita che non è mai esistita. Invece la loro vita sei tu. Spesso gli uomini hanno paura della felicità. Anche se ce l'hanno sotto il naso non allungano la mano per afferrarla. La felicità fa piú paura degli orchi.

— Non potresti aiutarli? Parlare un po' con i loro angeli?

— Ci posso provare.

Improvvisamente Martina si sentí molto stanca, svuotata di tutto. Si accorse di avere le gambe che stavano cedendo.

— E adesso, cosa devo fare? — disse con voce di chi è in procinto di piangere.

— Non sono io, Marti, che decido la tua vita. È il Creatore che fa il mazzo di carte. Io e te giochiamo solo la partita. Quando la figura da buttare giú è quella giusta, ti posso fare un segno: meglio un asso che un tre di picche e via, avanti cosí.

— Ma se non conosco il segno, come faccio a capirti?

— Un solletichino sul collo andrebbe bene?

— Benissimo, basta che sia davvero "ino", altrimenti scoppio a ridere.

— Va bene, Marti, un solletichino-ino. Questo sarà il nostro segno.

— Per sempre?

— Per semprissimo. Anche quando avrai ottant'anni ti prometto che ti farò starnutire con le mie piume. Adesso però ti devo salutare, ho un mucchio di cose da fare.

— Dove vai?
— Quando ci sono degli ingorghi molto grandi i poliziotti salgono sull'elicottero. Per vedere meglio la tua strada devo salire un po' piú in alto.
— Tornerai?
— Noi siamo in molti posti insieme. Ricordi cosa diceva il nonno? Molto vicino e molto lontano. Non sarai mai sola.

La voce dell'angelo si stava allontanando.

— Arrivederci Marti, arrivederci a presto! E non scordarti di una cosa — disse prima di sparire. — La forza che srotola il gomitolo è una sola.
— Qual è?
— Quella che tiene caldo il cuore, Marti. La forza dell'amore.

Niente è perduto per sempre

— Allora, Tobia, hai trovato il tuo destino?
Il nonno stava seduto nella poltrona vicino alla finestra, aveva un plaid sulle gambe, e vicino due stampelle.
— *Uoff, uoff* — rispose Martina ai suoi piedi. — Perché non mi hai mai detto che ci sono gli angeli custodi?
— Perché il tempo mi ha battuto. Ti ricordi l'ulti-

ma volta che ci siamo visti, quando ti ho parlato della nonna? Ti ho detto che in questa stanza non eravamo in due, ma in quattro... Poi sono scappato per prendere l'autobus. Volevo finire il discorso la volta dopo, ma quell'auto mi ha preso sotto e...

— Hai avuto paura, nonno?

— Paura? Paura no. Ero arrabbiatissimo. "Ehi" pensavo mentre mi portavano via con l'ambulanza "non mi potete fare questo scherzetto, non adesso che devo stare ancora con il mio cucciolo."

Martina guardò la punta delle sue scarpe.

— Io credevo che ti eri stufato di me. Perché non mi hai telefonato?

— Perché sono stato in coma, Marti. Era un po' come uno strano lungo sonno: ti pensavo, volevo venire da te, ma non riuscivo neanche ad aprire gli occhi. Appena ho potuto alzarmi e parlare, per prima cosa ho chiesto un telefono. Ma tu eri già andata via. Mi ha risposto la mamma, piangeva talmente che non riuscivo neanche a capire cos'era successo. «È tutta colpa nostra» continuava a ripetere. «Ci siamo comportati come degli irresponsabili. Non ce lo potremo mai perdonare.» Avresti dovuto vedere il papà, poi. Girava dappertutto come un cane poliziotto. Ha tappezzato la città di manifesti, fermava tutti chiedendo: «Avete visto questa bambina? L'avete vista?» Quando sono venuti a trovarmi in ospedale quasi non li riconoscevo. Guardavano sempre per terra e avevano gli occhi gonfi. «Se le è successo qualcosa» dicevano «non potremo piú vivere.» Ci hai fatti soffrire un bel po', sai? Quando la polizia ci ha avvisati che ti avevano ritrovato, per la felicità avrei fatto dei salti fino al soffitto. Siccome non potevo, ho lanciato una stampella. Guarda, sul lampadario c'è ancora il segno.

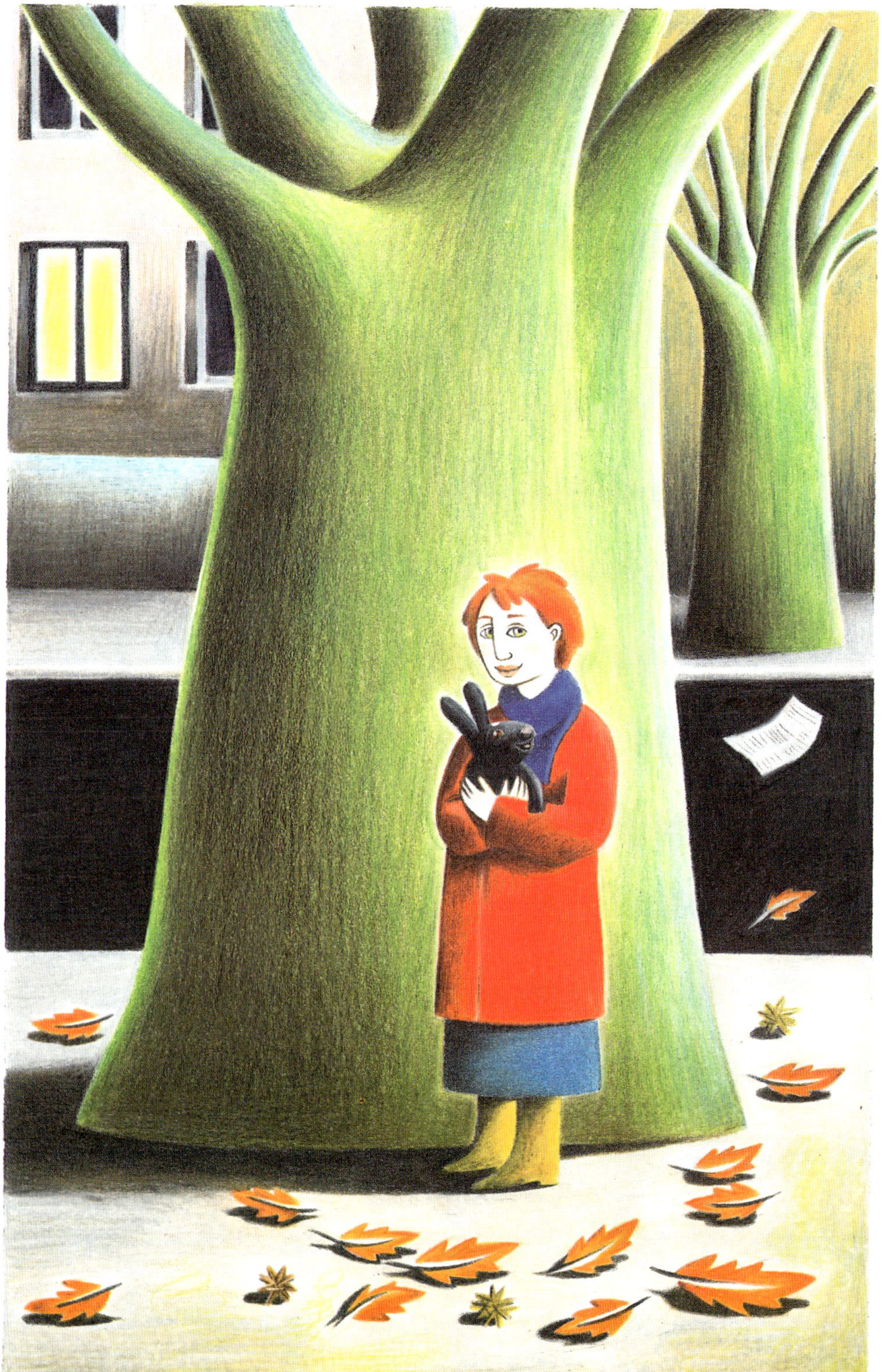

— Sono stata cattiva — mormorò Martina.

— Oh, no, Tobia, hai solo perso il tuo padrone e sei andato a cercarlo. Qualsiasi cane fedele avrebbe fatto la stessa cosa.

— E la mamma cos'ha detto?

— Quando?

— Quando mi hanno ritrovata.

— Ha detto: «Come faremo? Non ci perdonerà mai.»

— E il papà?

— «Non potrò mai piú guardarla negli occhi.»

— E tu?

— Io ho detto: «Non si vive nel passato; chi rimugina sempre è come se portasse con sé una valigia di pietre.» «E allora da dove ricominciamo?» ha chiesto il tuo papà. «Dal punto di partenza» ho risposto. «E cioè?» «Dal momento in cui vi siete visti e avete scoperto di volervi bene.»

Da due giorni Martina era ospite del nonno e non si stancava mai di sentir raccontare quella storia. Era come una musica che la rendeva tranquilla.

Il nonno era il nonno di sempre, anche se adesso camminava un po' storto e ogni tanto aveva bisogno del suo appoggio per andare avanti.

La mamma e il papà invece erano molto cambiati. Parlavano sempre pianissimo, come se avessero paura di svegliare qualcuno nella stanza. Quando erano andati a prenderla nell'ufficio della polizia la mamma l'aveva stretta cosí forte da toglierle il fiato. Il papà invece guardava in un angolo e si teneva le mani sul volto. Lei pensava che sarebbero stati arrabbiatissimi, invece non avevano alzato né una mano né la voce, avevano soltanto pianto.

— Non credevo che mi volessero cosí bene — aveva commentato Martina con il nonno.

— Alle volte dobbiamo perdere le cose per capire la loro importanza.

Cucú cucú cucú... In quell'istante l'orologio tirolese del nonno aveva battuto mezzogiorno.

— Tra poco arriveranno. Prendi i piatti nella credenza e apparecchia la tavola.

Quando mezz'ora dopo il campanello suonò, era tutto perfettamente pronto. La mamma e il papà avevano portato un vassoio di paste e una bottiglia di vino.

All'inizio, nella stanza c'era un grande silenzio. Martina pensò che i suoi genitori erano diventati timidi come i cani appena usciti dal tosatore.

Per festeggiare il ritrovamento il nonno versò due dita di vino a Martina che le bevve tutte d'un fiato, sentí le orecchie e le guance diventare calde e subito dopo cominciò a parlare.

Raccontò allora la sua partenza da casa e il negozio di cuccioli, la notte nel cassonetto e l'incontro con Rattosa dei Turlucchi e il soggiorno nel regno delle cose perdute. Raccontò di Athos, di ciò che le aveva detto, della tristissima vicenda di Pina (la mamma si asciugò un paio di volte gli occhi) e della notte nella metropolitana fino a che il videogioco non aveva cominciato a vibrare.

Parlava e parlava e parlava ancora. Se faceva una pausa, riprendeva con piú foga di prima. Non c'erano solo i fatti, ma anche le impressioni, i ragionamenti, i desideri.

Mentre parlava il nonno sorrideva, la mamma e il papà la guardavano con gli occhi sgranati come se la vedessero per la prima volta.

Da dove veniva quella bambina cosí diversa dalla Martina di sempre? Era cambiata lei o erano cambiati loro? Oppure stavano cambiando tutti e tre?

— E poi — concluse, prendendo una forchettata di

pasta ormai fredda — mi piacerebbe tanto una cosa.
— Che cosa? — domandò la mamma.
— Vorrei tanto andare a cercare Pina.

La mamma le accarezzò la mano. Non l'aveva mai fatto prima. Nello stesso istante sentí un solletichinoino sulla nuca.

— Va bene, pulcino, telefoneremo in tutti gli ospizi e...

Martina la interruppe.

— Come mi hai chiamato?

La mamma arrossí.

— Ho detto qualcosa che non va?

— E via! — intervenne il papà scompigliandole i capelli. — Non pretenderai mica di essere già una gallina?!

Anche il nonno scoppiò a ridere.

Nel tardo pomeriggio tutti e tre tornarono a casa. Nonostante l'aria fredda, avevano fatto la strada a piedi. Martina dava una mano alla mamma e l'altra al papà. Invece di tirarla, camminavano insieme.

— *Bentornata, Marti* — disse l'ippocastano quando passarono sotto le sue fronde. — *C'è un amico che ti cerca da questo pomeriggio.*

— *E dov'è?*

— *È molto piccolo. Guarda qua sotto, tra le mie radici.*

Martina riconobbe subito la stella bianca sul muso.

— *Athos! Come hai fatto a trovarmi?!*

— *Tanto fiuto, tante orecchie e tante zampe, padroncina. Il fiuto per seguirti, le orecchie per ascoltarti, le zampe per raggiungerti.*

Martina si chinò e lo prese in mano.

— Mamma, questo è Athos. Lo... lo... posso tenere?

— Ci mancherebbe!

Martina sentí le gambe tremare.

— Ci mancherebbe che no! — si corresse sorridendo sua madre. — È cosí carino…

— *Hai visto?* — disse Athos mentre salivano le scale guancia contro guancia. — *Cosa ti avevo detto? Nessuna cosa è persa per sempre.*

Indice

La voce delle cose 5
Quando i sogni finiscono 15
Le porte che nessuno vede 23
"Chi è diverso, è piú ricco" 29
La baita segreta 39
Perché il nonno non viene? 53
Tobia del nonno 67
Il regno delle cose perdute 79
Di nuovo sola 91
Un ninja con le ali 99
Quello che gli uomini non vedono 109
Un solletichino-ino 121
Niente è perduto per sempre 129

Altri libri per ragazzi di
Susanna Tamaro
pubblicati da Mondadori:
nelle collane Contemporanea e Junior -10

Cuore di ciccia

Il cerchio magico

CONTEMPORANEA

Paula Fox
Il villaggio sul mare

Ted Hughes
Tzanne il vampistrello e il bacio di verità

Ted Hughes
La Scacciasogni

Terry Jones
La terra che-non-c'è

Penelope Lively
Un viaggio indimenticabile

Patricia MacLachlan
Album di famiglia

Patricia MacLachlan
Baby

Margaret Mahy
Avventure cosmiche di pirati, pagliacci e mostri verdi

Margaret Mahy
Bobo, il rubacompleanni

Margaret Mahy
Un trambusto molto piratesco

Manz'ie e Reiser
Una notte senza dormire

Andrea Molesini
Tutto il tempo del mondo

Bianca Pitzorno
Ascolta il mio cuore

Bianca Pitzorno
Polissena del porcello

Bianca Pitzorno
Diana, Cupído e il Commendatore

Bianca Pitzorno
Re Mida ha le orecchie d'asino

Philip Ridley
Il cucchiaio di meteorite

Philip Ridley
Kasper nella Città Splendente

Rafik Schami
La notte racconta...

Hugh Scott
Chi è Brogan?

Susanna Tamaro
Cuore di ciccia

Susanna Tamaro
Il cerchio magico

Peter Dickinson
**Il tempo
e i topi da orologio**

Isaac Bashevis Singer
Storie per bambini
vol. primo

Isaac Bashevis Singer
Storie per bambini
vol. secondo

Amos Tutuola
**Il cacciatore
e la Donna-elefante**

Graham Greene
4 storie sulle ruote

James Thurber
La Meravigliosa O

Soledad Cruz Guerra
Delfín Delfinéro

Peter Carey
Gran Superslam

Joan Aiken
L'orso e la fanciulla

Michael Ende
Fiabe e Favole

Mark Helprin
Una città in inverno

Amos Oz
Soumchi

Hanif Kureishi
Coccinelle a pranzo

William Faulkner
L'Albero dei Desideri

Jerome Charyn
Sognando Bataan

Yoram Kaniuk
**Weiss
storia di un cane**

Janet Frame
Cuor di Formica

Dick King-Smith
Ali sul Bosco

Susanna Tamaro
Tobia e l'angelo